그대에게 가는 길

The path to Nirvana

- 아함의 말씀들 · 하나 -

맑은소리 맑은나라

꽃이 피고 지는 일처럼 우주를 관통하는 일들에는 순리와 흐름
이 분명 있습니다.

삼광사 주지로 부임을 해 온 지 어언 1년을 훌쩍 넘겼습니다.
그간 사찰은 전임 주지스님들의 원력과 전 신도들의 노력으로
날마다, 달마다 일신의 모습을 더해가고 있으며 더 많은 발전
가능성을 시사한 채 기도와 전법, 문화 포교도량으로 거듭나
고 있다는 생각입니다.

저 역시 문화포교의 일선에서 더 많은 노력과 경주를 아끼지
않고 있습니다. 출가 사문으로서 수행을 우선으로 여기되 포교
와 전법에 있어서도 부단한 노력이 수반되어야 한다는 판단입
니다.

이에 행정업무의 소임자로서, 수행현장의 승가로서 부처님의
말씀을 모아 한 권의 책으로 내놓게 된 것은 포교와 전법의 연
장이라는 생각에서 입니다. 다름 아닌 아함경의 구절들을 간추
려 알기 쉽고, 친절한 불서를 엮게 된 것입니다.

신도님들을 위한 따뜻한 경구들은 경책이 되고 귀감이 되는 법보시 가운데 최고의 법보시라는 생각으로 1년여 동안 준비를 해 왔습니다.

「그대에게 가는 길」이라는 제호의 책으로 정치, 경제, 사회, 가정 등 18개 장르로 구분된 이 책에서는 일상생활을 통해 겪게 되는 세간의 정황들을 알기 쉽고 친절한 설명을 곁들여 들려주고 있습니다. 어려움에 처한 집안의 가장에게, 사업을 하는 경영자에게, 공부의 길에 들어선 이들에게 등 다양한 계층의 많은 이들에게 지혜의 언어로 격려하는 따뜻한 메시지가 담겨져 있습니다.

저는 또 오랜 시간동안 다문화 가족들을 위한 활동에도 관심을 갖고 포교활동을 전개해 왔습니다. 그러한 오랜 경험에서 우러나온 계층간 민족간의 다양성과 융합의 방안 등 일선에서의 경험에서 터득한 이야기들은 책을 엮는데 무한한 원천이 되어 주기도 하였습니다. 그러니 이론과 실천이 곁들여진 체험들은 이

한 권의 책을 준비하는 동안 감사하기만 한 소중한 자산이 되고도 남았습니다.

이제 세상은 다양한 요구로 사람들을 이끌어주기를 바라고 있습니다. 그러므로 사찰과 스님들의 역할에도 다양성이 요구되는 시대가 되었습니다. 이에 아함의 말씀들을 간추린 이 책이야말로 시대가 요구하는 사람들의 기호에 한 발 더 가까이 다가선 부처님의 말씀이 아닌가 하는 생각입니다.

기도와 전법, 수행의 길에서 이 상·하권의 양서가 더 친절한 안내서가 되기를 바라는 마음으로 이 책을 펴내는 바입니다.

향기로운 인연으로 이 책의 주인이 되어 주시기를 바라는 마음입니다. 일체 모두가 부처님이시기를 발원합니다.

불기 2558년 4월 아름다운 날
대한불교 천태종 삼광사 주지 무원

귀의
SARANA

'보리의 지혜를 구하고 중생을 교화하여 제도한다' 는
상구보리 하화중생은 보여지는 현상에 머물지 않는
영원한 진리인 것입니다.

「폐사지에서의 발견 여래를 품다」 중에서

하나.

부처님께서 카필라성의 니그로다 숲에 계실 때 석씨 마하남이라는 우바새 불자가 문안드리고 여쭈었습니다.

"세존이시여, 어떻게 해야 우바새로서 바른 행을 갖추는 것입니까?"

부처님께서 말씀하시길,

"우바새로서 비록 믿음을 가졌으나 계행을 갖추지 못하였다면 그는 완전할 수 없으니 먼저 계를 받도록 해야 한다"고 설하셨습니다. 또한 믿음과 계행을 갖추었으나 희사하는 마음이 없으면 안 된다고 하였습니다. **늘 부지런히 베풀어야 한다**고 강조하셨습니다.

비록 이 세 가지를 갖추었더라도 절에 자주 가지 않으면 안 되나니, **자주 절을 찾아야 하느니라.** 절에 자주 가더라도 스님들과 친근하지 않으면 법을 들을 수 없으니 가까이 하여서 **자주 법을 들어야 한다고 하였습니다.**

법을 들었으나 실천하지 않으면 들었다고 할 수 없으니 또한 법을 실천하더라도 그 법의 오묘한 뜻을 이해하지 못하면 안 된다고 하였습니다."

"세존이시여, 어떤 우바새가 자기만을 이롭게 하는 것입니까?" 하고 또한 여쭈었습니다.

부처님께서 말씀하시길,

"자기만 믿고 행하면서 다른 사람에게 자신이 하는 것처럼 가르치지 않는다면 이는 오직 자기만을 이롭게 하는 것이다"고 하였습니다. **자신이 믿고 행하는 것을 남들에게도 가르쳐야 한다**고 강조해서 설파하였습니다.

우 바 새 : 석가모니부처님을 모시는 재가불자를 칭함. 여성재가신도는 우바이라고 한다.
계의종류 : 오계와 십계가 있으며 비구 250계와 비구니 348계가 있다.
　　　　　우바새는 5계(불살생, 불투도, 불사음, 불망어, 불음주)를 지키는 것을 기본으로 한다.
자비희사 : 자무량심 - 사랑하는 마음으로 즐거움을 주는 것
　　　　　비무량심 - 동정하는 마음을 내어서 중생의 고통을 덜어주는 것
　　　　　희무량심 - 기쁜 마음으로 다른 사람과 함께 모든 일에 즐거워하는 마음
　　　　　사무량심 - 모든 사람들을 구별하지 않고 평등한 마음으로 대하여 모든 일에도
　　　　　　　　　　 평등한 마음을 갖는 것

둘.

부처님께서 사위성 기원정사에 계실 때였습니다.

'울사가' 라고 하는 바라문이 부처님께 문안 올리고 여쭈었습니다.

"신도가 세상을 살아가면서 어떻게 해야 현세에 편안하고 즐거울 수 있습니까?"

부처님께서 말씀하시길,

"첫째로 농사를 짓거나 장사를 하고 혹은 임금을 섬기며 글씨를 쓰거나 그림을 그리는 등, 갖가지 **자신이 맡은 직업에 최선을 다해서 스스로 생활을 이끌어가야 한다.**

둘째로 **재산을 잘 보호해야 한다.** 재산은 직업을 통해 얻은 것이므로 내 손으로 일해서 법답게 얻은 것이니 임금이나 도적에게 빼앗기지 않아야 하고 물에 떠내려 보내거나 불에 태우지 않는 등 갖가지 재앙으로부터 잘 지키고 보호해야 한다.

셋째 **착한 친구와 사귀어야 한다.** 법도에 어긋나지 않고 방탕하지 않으며 허망하지 않고 음흉하지 않은 사람과 사귀어야 걱정과 괴로움이 생기지 않는다.

넷째로 **바른 생활을 꾸려나가야 한다.** 재산을 관리할 때는 수입이 많고 지출이 적게 하되 저울눈이 균형을 이루도록 더하고 빼듯해야 하며, 재물이 없는데도 마구 뿌려 사치하면 꽃은 화려하나 씨앗이 없는 것과 같고 재물이 풍부하면서도 그것을 쓰지 않으면 어리석은 사람이니 이런 사람은 굶어죽는 개와 같다고 사람들은 말할 것이다.

이 네 가지 법을 성취하면 현세에서 편안하고 즐거우리라."

셋.

부처님께서 카필라성의 니그로다 숲에 계실 때였습니다. 석가족들이 모여 토론을 하다가 마하남에게 말씀하시기를,

"석가족의 추수는 계를 범하고 술을 마셨는데도 일곱 번이나 인간과 천상을 태어나고 죽은 후에 모든 고통을 벗어날 수 있는 수다원이 되었다고 예언하셨으니 앞뒤가 모순되지 않습니까? 마하남 당신이 부처님께 여쭈어 주십시오."

이러한 이야기를 전해 들으신 부처님께서는 마하남에게 말씀하시기를,

"모든 사람들이 나를 선서 세존이라 부르는데, 그렇게 부르는 사람 역시도 선서라고 할 것이다. 그들은 선서라고 부르기 때문에 선서의 마음을 낼 것이요. 현명한 제자는 거짓 없는 정직한 생각으로 선서라고 말하기 때문이니라.

마하남이여, 나의 제자들은 언제나 부처에게 귀의하고 법과 스님들을 믿어 슬기로운 지혜로 지옥, 아귀, 축생에 떨어지지 않으니 8해탈을 얻어 몸소 체험하고 계에 머무르며 지혜

로운 소견으로 모든 번뇌를 없애어 구해탈^{具解脫}을 이루니 아라
한이라 하느니라. 혜해탈^{慧解脫}한 아라한은 팔해탈을 얻지 못했
느니라. 아나함을 얻은 이는 팔해탈을 갖추더라도 모든 번뇌를
없애지는 못했느니라.

삼보에 귀의하여 삼악도에 떨어지지 아니하며 가르침을 잘 따
르고 거역하지 않으면 그는 소견으로서 도달되었다고 말할 수
있느니라.

삼보에 귀의하고 법을 믿고 잘 따르며 해탈하면 그를 믿음의 해
탈이라고 하느니라.

부처님의 말씀을 믿어서 숭상하고 익히며 믿음, 정진, 생각, 선
정, 지혜의 5법을 알고 지켜 나가면 이들은 결코 삼악도에 떨어
지지 않아 '견고한 법' 이라 하느니라.

단순히 가르침을 믿고 확고하지 못하지만 5법을 알고 좋아한
다면 삼악도에는 결코 떨어지지 않는다고 해서 견고한 믿음이
라 하느니라.

추수는 무거운 성계(性戒)를 범하지는 않았고 가벼운 차계(遮戒)를
범했으며 임종에 이르러서는 자신을 깊이 뉘우치고 스스로를
꾸짖어 계를 완전케 했기 때문에 수다원을 얻었느니라.

어떤 사람이든지 조금 범한 것이 있더라도 뉘우치고 스스로 꾸
짖으면 완전해지거늘 무엇 때문에 석가족의 추수가 수다원이
된 것을 예언하지 않겠느냐? 만약 저 사라수 나무들이 법의 뜻
을 이해한다면 나는 그 나무들까지도 수다원을 얻는다고 예언
할 것이다. 그러나 사라수에게는 그러한 이치가 없기 때문에
예언하지 않는 것이다."

넷.

부처님께서 사위성 기원정사에 계실 때였습니다. 어느 날 부처
님께서 많은 비구들에게 말씀하시길

"세상에는 두 종류의 사람이 있다고 하였습니다. 믿음이 있는
사람과 믿음이 없는 사람이다. 믿음이 있는 사람 가운데도 두
종류가 있다. 자주 수행자를 만나 보는 사람이 있고 그렇지 않
은 사람이 있다. 비구 수행자를 자주 보지 않는 사람보다는 자
주 만나는 사람이 훌륭하다. 수행자를 만나는 사람에도 두 종
류가 있다. 수행자를 존경하는 사람과 존경하지 않는 사람이
있으며 두 사람 중에 존경심을 갖는 사람이 낫다.

비구를 존경하는 사람 가운데 경을 묻는 사람이 있고 묻지 않
는 사람이 있다. 경을 묻지 않는 사람보다는 질문하는 사람이
훌륭하다. 경을 묻는 사람 중에 일심으로 듣는 사람과 듣지 않
은 사람이 있다. 그 중에 일심으로 경을 듣는 사람이 훌륭하다.
일심으로 경을 듣는 사람 중에도 법을 지키는 사람과 지키지
않는 사람이 있으며 지키지 않는 사람보다는 지키는 사람이 훌

룡하다. 법을 지키는 사람 중에는 깊은 뜻을 관찰하는 사람과 그렇지 않은 사람이 있다. 그 뜻을 깊이 관찰하는 사람이 훌륭하다."

다섯.

부처님께서 카필라국의 니그로다 숲에 계실 때였습니다. 석가족의 마하남이 부처님께 여쭈기를,

"어떤 사람을 우바새라고 말합니까?"

"우바새란 세속에 살면서 집안을 잘 다스리고 목숨이 끝날 때까지 삼보에 귀의하여 바른 믿음을 가지며 오계를 잘 지키기를 서원한 사람이다."

"부처님이시여, 어떻게 해야 우바새로서 바르게 사는 것입니까?"

부처님께서 말씀하시길,

"우바새로서 믿음은 있으나 계율이 없으면 완전하지 못하며 그러므로 계율을 잘 지켜야 한다. 그러나 믿음과 계율이 있으나 보시하지 않으면 그 또한 완전하다고 말할 수 없다. 그러므로 부지런히 베풀어 공덕을 닦아 나가야 한다. 믿음과 계율 그리고 보시는 할 줄 알지만 사문에게 찾아가 법문을 듣지 않으면 그 또한 완전하지 못하며, 그러므로 절에 찾아가서 법문을 들어야

한다. 법을 듣고서 몸소 실천하지 않으면 완전하지 못하니 들은 대로 잘 실천해야 한다고 설파 하였던 것입니다."

이것.

부처님께서 사위성 기원정사에 계실 때였습니다. 울사가라는 바라문이 부처님께 문안드리고 여쭈었습니다.

"신도가 세상을 살아가면서 어떻게 해야 후세에 편안하고 즐거울 수 있습니까?"

부처님께서 말씀하시기를,

"네 가지 법이 있어야 후세에 편안하고 즐거울 수 있다. 첫째로 믿음이 굳건해야 하느니라. 여래를 믿고 공경하되 하늘이니 악마 등을 받아들여 믿음을 파괴하지 말아야 한다.

둘째로 계율을 완전하게 해야 하느니라. 살생하지 않고, 도둑질하지 않고, 음행하지 않고, 거짓말하지 않으며 술에 취하지 말아야 한다.

셋째로 보시를 닦아야 하느니라. 인색한 마음을 버리고 보시하되 항상 자기 손으로 직접 주고 기쁜 마음으로 주며 좋고 나쁨을 가리지 않는 평등한 마음으로 베풀어야 한다.

넷째로 어리석지 않고 슬기로워야 하느니라. 슬기롭기 위해서는 **항상 부처님의 가르침을 마음속에 간직하고 관찰하여 지금의 고통으로부터 벗어나야 한다.** 이 네 가지를 성취하면 후세에서 편안하고 즐거우리라."

일곱.

부처님께서 사위성 기원정사에 계실 때 제자들에게 말씀하셨습니다.

"이 세상에 일곱 종류의 사람은 섬길만하고 공경할만 하느니라.

사랑하는 마음을 가진 사람, **연민**하는 마음을 가진 사람, 남을 기쁘게 하는 사람, 나를 보호하고 감싸는 사람, 집착하지 않고 마음을 비운 사람, 부질없는 생각을 하지 않는 사람, 바라는 것이 없는 사람이다."

여덟.

부처님께서 사위성 기원정사에 계실 때 한 천자가 문안드리고 여쭈었습니다.

"하는 말이 그럴듯하다고 수행자라 할 수 없나니 진실한 수행은 말없이 행동해야 하나이다. 뜻이 굳은 수행자는 흔들리지 않는 선정으로 악마의 쇠사슬을 끊고 자유로움을 얻나이다. 해야 할 일과 하지 않아야 할 일 거짓 없이 진실을 말해야 하나니 말을 속여 성실치 못하면 지혜로운 사람이 그를 떠난다. 스스로 닦고 쌓은 덕 없으면서 거짓으로 자랑하고 스스로 교만하면 그는 세상을 훔치는 큰 도적이옵니다."

부처님께서 게송으로 말씀하셨습니다.

"자기의 공덕을 자랑하지 않고 남의 눈치 살피지 않으면 세상의 애착을 벗어나 스스로 열반에 나아감을 알리라."

이러한 게송을 듣고 천자가 부처님께 말씀드렸습니다.

"제가 부처님께 죄와 허물 저질렀사오니 저의 참회를 받아 주소서."

부처님께서 침묵하고 계시자 다시 말했습니다.

"제가 죄를 드러내어 참회하거늘 당신은 저의 참회를 받으시지 않고 좋지 않은 악심으로 미움을 버리지 않습니까?"

부처님께서 게송으로 말씀하시기를,

"말로는 죄를 드러내어 참회한다. 하나 속마음은 진실로 그러하지 못하나니 어떻게 미움과 원망을 버리며 어떻게 착함을 얻겠는가?"

천자는 다시 게송으로 여쭈었습니다.

"이 세상 그 누가 허물없으며 어떤 사람이 잘못과 실수가 없나이까? 이 세상 그 누가 어리석음 떠났으며 언제나 착한 마음 가졌나이까?"

부처님께서 게송으로 다시 말씀하시기를,

"여래 '바가바트' 만이 바른 지혜로 해탈 얻으셨나니 그는 모든 허물이 없고 또한 잘못과 실수 없으시며 모든 어리석음 멀리 떠나 항상 바른 생각 가지셨네."

아홉.

부처님께서 사위성 기원정사에 계실 때 어느 날 수달다 장자는 부처님께 문안을 올리고 여쭈었습니다.

"세존이시여, 어떤 사람이라도 우리 집에 있다면 다 깨끗한 믿음을 얻을 것이고 우리 집에서 살다가 죽으면 다 천상에 나게 될 것이옵니다."

"장자여, 그것은 참으로 미묘한 말이구나. 너는 너희 집에 있는 사람은 모두 청정한 믿음을 얻을 수 있고 죽어서 천상에 태어난다고 장담을 하는구나! 어떤 덕 있고 신통있는 비구가 너에게 그런 말을 하더냐?"

"아닙니다, 세존이시여."

"그러면 어떤 비구나 천상인이나 그렇지 않으면 내가 그렇게 한 말을 직접 들은 사람이 네게 와서 말했더냐?"

"아닙니다, 세존이시여."

"그렇다면 너 스스로의 앎에 의해 그것을 알았느냐?"

"아닙니다, 세존이시여."

"어찌 너는 그런 말을 듣지도 않고 그렇게 장담해서 말할 수 있느냐?"

"부처님이시여, 저는 어떤 사람이 임신을 하면 그 아들을 위해 부처님과 법과 스님들께 귀의하라고 가르칩니다. 그 아이가 태어났을 때 다시 삼귀의를 가르치고, 그 아이가 자라 지견知見이 생겼을 때 다시 계행을 가르치나이다. 종이나 혹은 손님이 임신을 했을 때도 그렇게 가르치나이다. 어떤 사람이 제게 종을 팔려고 하면 그 사람에게 말하기를 **'당신도 부처님을 믿고 오계를 받으라.'**고 하여 그렇게 하면 종을 사고 그렇지 않으면 사지 않나이다. 또 손님을 재우거나 일꾼을 쓸 때에도 반드시 삼귀의를 하고 오계를 준 뒤에야 받아주나이다. 혹 저의 제자가 되려는 사람이나 저에게 물건을 빌리러 오더라도 그렇게 합니다. 우리 집에서 부처님과 스님들께 공양을 할 때에는 먼저 부모의 이름을 부르고 형제와 처자, 친척, 벗, 국왕, 대신 또는 살았거나 죽은 사문, 바라문들과 모든 권속과 종들에 이르기까지 그 이름을 불러 축원하나이다. 이러한 인연으로 그들은 다 천상에 태어날 것이옵니다. 혹은 동산이나 밭을 보시하고 생활 용구를 보시하며 나아가 한 덩이 밥을 중생에게 보시하더라도 그 인연으로 다 천상에 태어날 것이옵니다."

"착하도다, 장자여 너는 굳은 믿음이 있기 때문에 그런 말을 할 수 있다. 이제 위없는 지견으로 말하노니 네 집에서 살다가 목숨을 마치는 이는 모두 천상에 태어남이 분명한 일일 것이니라."

열.

부처님께서 사위성 기원정사에 계실 때 제자들에게 말씀하셨
습니다.

**"남에게 예배하지 않아야 할 다섯가지가 있다. 탑 가운데 있을
때, 대중 가운데 있을 때, 길을 가고 있을 때, 병으로 누워 있을
때, 그리고 음식을 먹을 때는 예배하지 않아야 한다."**

열 하나.

부처님께서 아라비가라 근처에 계실 때였습니다. 그때 부처님
께서는 수장자에 대하여 비구들에게 말씀하시기를,

"수장자에게는 미증유의 법이 있다. **수장자는 욕심이 적고, 믿
음이 굳건하고, 양심의 부끄러움을 알고, 남에게 미안함을 알
고, 선행을 부지런히 하며, 항상 법을 깊이 생각하고, 마음이 산
란하지 않고, 지혜가 밝으니라.** 욕심이 적다는 것은 무엇을 말
하는가? 그는 욕심이 적지마는 자기가 욕심이 적다는 것을 남
에게 알리고자 애쓰지 않는다. 그래서 욕심이 적다고 말한다.
믿음이 굳다는 것은 무엇인가? 그는 불법만을 마음속에 간직
하고 다른 바라문이나 하늘 등을 따르지 않기 때문이다."

열둘.

부처님께서 카필라성의 니그로다 숲에 계실 때 석씨 마하남이 문안드리고 여쭈었습니다.

"세존이시여, 어떤 것을 우바새라 뜻하나이까?"

"가정생활을 하면서 삼보에 귀의하는 사람을 우바새라 하느니라."

"세존이시여, 어떤 것을 우바새의 믿음이라 하나이까?"

"부처의 가르침을 깊이 믿고, 믿음에 편히 머무르며, 외도 또는 마군들에게 현혹되거나 파괴당하지 않는 것이니라."

"우바새의 계율은 어떠한 것입니까?"

"공연히 산목숨을 죽이지 않고, 도둑질하지 않으며, 음행하지 않고, 속이지 않으며, 술에 취하지 않는 것이니라."

"어떤 것이 우바새의 보시행이라 하나이까?"

"법에 인색하거나 탐하지 않으며 기쁜 마음으로 보시하되 손수 베풀고 후회하지 않아야 한다."

열 셋.

임신을 하면 자식을 위해 부처님께 귀의하고
그 아이가 태어났을 때 삼귀의를 가르치고
그 아이가 자라 지견이 생겼을 때
다시 계행을 가르치나이다.
손님을 재우거나 일꾼을 쓸 때에도
반드시 삼귀의하고
오계를 준 뒤에야 받아주나이다.

열 넷.

부처님께서 파타리푸트라성에 계실 때였습니다. 부처님께서는 아난에게 장차 이 성이 파괴된다면 반드시 세 가지 일로 인해서 그리 될 것이라고 하였습니다.

"홍수가 범람하거나, 큰 불이 일어나거나, 성 안의 사람이 다른 나라 사람과 음모를 꾸밀 때이니라"

또한 부처님께서는 신도들이 올린 공양을 받으시고 말씀하시기를,

"존경할 만한 것은 존경할 줄 알아야 하고, 섬길 만한 것은 섬길 줄 알아야 한다. 널리 베풀고 두루 사랑하여 연민하는 마음을 가지라. 그러면 천사와 천신도 칭찬하리라. **항상 착한 사람과 가까이 하고 악한 사람을 멀리 하라."**

열 다섯.

부처님께서는 법을 듣고 환희하는 제자들에게 말씀하셨습니다.

"머리에 붙은 불을 끄고자 하면 한시 바삐 시원한 물을 찾아야 하듯 번뇌 많은 중생들도 한시 바삐 여래를 찾아야 하느니라."

열 여섯.

어느 때 부처님께서는 가팔라바투극 니그로다 동산에 계셨다. 그때에 석씨 마하나마는 오백 믿는 이들과 함께 부처님께 나아가 그 발에 머리를 조아리고 한쪽에 물러앉아 여쭈었다.

"세존이시여, 어떤 이를 믿는 이라 하나이까?"

부처님께서 말씀하셨다.

"믿음이란, 집에서 깨끗하게 살면서 '목숨을 마칠 때까지 부처님께 귀의하고, 법에 귀의하고, 승에 귀의하여 믿는 이가 되겠나이다. 저를 증명하여 알아주소서' 라고 한 이들이니라"

"어떤 것을 믿는 이의 수다원이라 하나이까?"

"믿는 이의 수다원이란 세가지 결박을 끊고, 끊은 줄 아는 것이다. 세가지 결박이란 몸을 영원하다고 보는 소견, 그릇된 계율에 집착, 그리고 의심이다. 마하나마여, 이것을 이의 수다원이라 하느니라."

"세존이시여, 어떤 것을 믿는 이의 아나함이라 하나이까?"

"믿는 이의 아나함이란 욕심세계의 다섯가지 결박을 끊고, 끊

을 줄 아는 것이다. 즉 몸에 대한 그릇된 소견, 그릇된 계율에
대한 집착, 의심, 탐욕, 성냄이다. 마하나마여, 이것을 믿는 이
의 아나함이라 하느니라."

그때에 석씨 마하나마는 오백 명의 믿는 이들을 돌아보고 이렇
게 말하였다.

"놀랍구나! 믿는 이들이여, 집에 있으면서 청정하게 살면 이러
한 깊고 오묘한 공덕을 얻는구나."

때에 믿는 이 마하나마는 부처님 말씀을 듣고 기뻐하면서, 자
리에서 일어나 예배하고 떠나갔다.

열 일곱.

어느때 부처님께서는 슈라바스티국 제타숲에 계셨다. 그때에
어떤 바라문은 부처님께 나아가 공손히 문안 드리고 물러앉아
여쭈었다.

"고타마시여, 미래에는 몇 분의 부처님이 계시겠나이까?"
부처님께서는 바라문에게 말씀하셨다.
"미래의 부처는 갠지스 강 모래처럼 많을 것이다."
부처님께서 말씀하셨다.
"과거 부처님도 갠지스 강 모래처럼 한량이 없이 많았느니라."
바라문은 다시 생각하였다. '과거에도 갠지스강 모래처럼 한
량이 없는 부처님이 계셨는데 나는 일찍 가까이 친하지 않았
다. 그런데 설령 미래에도 갠지스강 모래처럼 한량이 없는 〈다
옳게 깨달은 이〉께서 계시더라도 그를 가까이 하고 즐거워하
지 못하지 않을까 나는 지금부터 저 사문 고타마 곁에서 범행
을 닦으리라'
그는 곧 합장하고 부처님께 사뢰었다.

"원컨대 저도 집을 나와 그 바른 법·율 안에서 범행 닦기를 허락하여 주소서."

부처님께서는 말씀하셨다.

"네가 집을 나와 우리 바른 법·율 안에서 범행을 닦고 비구가 되는 것을 허락하노라."

그때에 바라문은 집을 나와 구족계를 받고, 혼자 고요한 곳에서 착한 남자가 바른 믿음으로 집을 나와… 도를 배우는 까닭을 생각하고, 아라한이 되었다.

가족

FAMILY

늙고 병들고 죽고 이별하는 일을
비켜갈 수 있는 자는 없습니다.
그럼에도 모든 것은 항상 멸의 자리 그대롭니다.

「폐사지에서의 발견 여래를 품다」 중에서

하나.

부처님께서 코살라국의 사위성 기원정사에 계실 때였습니다.
극만이라는 바라문은 조상 대대로 부자였고 베다 경전을 비롯
한 모든 논서에 통달하여 사문이나 바라문을 공경하지 않을 뿐
아니라 부모에게조차도 교만하였던 것입니다. 부처님께서 사
위성에 오셨다는 소문을 듣고 '세존이 나를 대접한다면 문안
하고 그렇지 않으면 잠자코 돌아오리라' 생각하고 부처님이 계
신 곳으로 갔습니다.

부처님께서는 대중에 둘러싸여 설법하시면서 극만이 왔으나
돌아보지도 않으셨습니다.

'고타마가 전혀 나에게 관심을 두지 않으니 돌아가야겠다' 고
생각하고 돌아섰을 때 부처님께서 게송으로 말씀하셨습니다.

"법을 위해 여기에 왔으면서 얻은 것 없이 돌아가려 하는가?
그대는 어찌하여 본래 왔던 뜻을 잊어버렸는가?"

자신의 속마음을 알고 있다는 사실에 놀라 예배하려 하였으나
부처님은 극만에게 말씀하시기를,

"나는 이미 그대의 마음을 알고 있으니 반드시 몸을 굽혀 예배하지 않아도 족하느니라."

"사문 고타마님은 위대한 신통이 있으시나이다. 저는 어떤 수행자나 심지어 부모까지도 공경하지 않았는데 지금 고타마님을 뵙고 스스로 겸손한 마음으로 공경하나이다."

극만은 게송으로 여쭈었습니다.

"누구에게 교만하지 않고 공경해야 할 것이며 누가 고통을 없애주며, 누구에게 공양해야 어진 이의 칭찬을 받나이까?"

부처님께서 게송으로 말씀하셨습니다.

"밝은 보름달 같은 마음씨로

부모에게 공양하고 형제와 친척을 공경하며

큰스님이나 덕 있는 어른들에게 교만하지 않고

스스로 고개 숙여 공경해야 하리라.

근심 걱정에 빠진 사람 만나면

그들의 고통을 덜어주고

받들어 공양하여 큰 즐거움 주어라.

만약 탐욕과 성냄을 끄고

더구나 어리석음마저 떠나

밝은 지혜로 해탈을 얻어

번뇌 다한 아라한이 있으면

그 앞에서 자기를 낮추어

교만하지 말고 합장하여 공경 예배해야 하리라."

둘.

부처님께서 사위성 기원정사에 계실 때 수달다 장자의 며느리
에게 말씀하셨습니다.

"장자 며느리여, 마땅히 명심하라. 대개 네 종류의 아내가 있
다. 어머니 같은 부인이 있고, 친척과 같은 부인이 있으며, 도
적 같은 부인이 있고, 하인 같은 부인이 있느니라.

때를 따라 **남편을 잘 보살피고 부족함이 없이 받들어 모시고 공
양하는 부인을 어머니 같은 부인이라 하고, 항상 변함없는 마음
으로 즐거움과 괴로움을 같이 하는 부인을 친척 같은 부인이라
하고, 남편을 보면 미워하고 딴 남자를 생각하며 기회만 있으면
남편을 해치려는 부인을 도적 같은 부인이라 하며, 항상 말을
삼가고 남편을 잘 받들어 모시고 삼보를 공경하여 청정한 마음
을 갖는 부인을 하인 같은 부인이라 하느니라.** 장자 며느리여,
그대는 어느 부인에 속하느냐?"

셋.

부처님께서 왕사성 죽림정사에 계실 때였습니다. 어느 날 부처님께서는 성안으로 들어가 차례로 걸식하시다가 한 배화교를 믿는 바라문의 집에 이르렀습니다. 그 바라문은 부처님께서 자기 집을 향해서 오시는 것을 보고 말했습니다.

"비천한 사람이여, 더 이상 우리 집으로 오지 마시오."

부처님께서 말씀하시기를,

"너는 천한 것이 무엇인 줄 아느냐?"

물음에 대답하지 못하자 부처님께서 게송으로 말씀해주셨습니다.

"성내어 마음에 원한을 품고
자신의 허물을 깊이 덮어 감추며
나쁜 생각 일으켜 거짓으로 꾸미며
진실하지 않은 것이 천한 것이니라.
마음은 인색하고 성질은 사나우며
권세 앞에 아부하고 속이면서

미안함도 없고 부끄러움도 모르는 사람을

비천한 사람이라 말하느니라.

살생을 일삼으며 약한 사람을 괴롭히고

자신의 이익만을 노리며

아내를 박대하고 남의 여자 욕 뵈는 사람이

진실로 천한 사람이니라.

세도로써 남의 재산 빼앗으며

거짓으로 증거하여 이익을 쫓고

자기는 칭찬하며 남들을 헐뜯으며

자기 죄를 남에게 덮어씌우며

은혜를 원망으로 갚는 사람이

비천한 사람이니라.

수행하는 사람이 걸식하면 문전박대하고

늙은 부모 학대하며

얻은 것이 없으면서 그럴듯한 말로 자기 덕을 자랑하니

그야말로 세상의 도적이다.
비록 좋은 가문에 태어났으나
교만함을 벗어나지 못하면
오히려 좋은 가문이 장애가 되어
살아서는 남의 비난을 받고
죽어서는 나쁜 곳에 태어나리라.
태어난 가문으로 훌륭한 사람이 아니요,
태어난 가문으로 천한 사람 되지 않나니
자기의 행실을 따라 천한 사람도 되고
훌륭한 사람도 되느니라."

넷.

부처님께서 사위성 기원정사에 계실 때 한 천인이 문안드리고
여쭈었습니다.

"당신의 손과 발에는 수갑이나 차꼬가 없나이까? 감옥에 갇히
거나 결박을 당하지는 않나이까?"

부처님께서 게송으로 말씀하셨습니다.

"내 손에는 수갑도 없고 발에는 차꼬도 없도다.

가두거나 결박하는 일 따위는 길이 없어졌노라.

그대여, 나는 이 모두를 벗어나

자유를 얻었음을 알아야 하리."

천인은 다시 여쭈었습니다.

"무엇을 수갑이라 하고 무엇을 차꼬라 말하며, 어떤 것이 얽어
묶는 차꼬이며, 어떤 것이 결박하여 가두는 것입니까?"

부처님께서 게송으로 말씀하시기를,

"어머니를 수갑이라 하고 아내를 차꼬라 하며

자식을 결박이라 하고 애욕을 가두는 것이라 말한다.

그러나 나에겐 어머니의 수갑이 없고
아내의 차꼬도 없으며 자식의 결박도 없고
애욕의 가둠도 없느니라.”

다섯.

부처님께서 사위성 기원정사에 계실 때였습니다. 한 젊은이가
부처님께 인사드리고 여쭈었다.

"어떻게 수레에 누가 타고 있는 것을 알고 어떻게 불이 난 것
을 알며 어떻게 그 나라의 됨됨을 알며 어떻게 그 아내의 됨됨
을 알 수 있습니까?"

부처님께서 게송으로 말씀하시기를

"깃발을 보면 수레에 누가 타고 있는가를 알 수 있고

연기를 보면 불이 난 것을 알며

그 나라의 왕을 보면 그 나라의 형편을 알 수 있듯이

그 남편을 보면 그 아내를 알 수 있느니라."

여섯.

남편은 아내를 사랑하되 다섯 가지 일에 힘써야 하느니라.

출입할 때 예절로써 대하라.
위엄을 지켜 딴 여자를 사랑하지 말라.
의식주의 걱정이 없게 하라.
때를 맞추어 장신구를 사주어라.
집안 살림을 믿고 맡겨라.

일곱.

부처님께서 선생(善生)에게 말씀하셨다.

"도박에 빠지는 사람에게 여섯 가지 위험이 있느니라. 이기더
라도 미움을 사게 되고 지게 되면 재산을 잃어 슬픔에 빠지며,
재산이 줄어들고
법정에서는 그 말에 무게가 없게 되며
친구나 관청으로부터 업신여김을 당하고
혼담에 지장이 있게 된다."

여덟.

부처님께서 코살라국의 사위성 기원정사에 계실 때였다. 어느
날 장신 바라문에게 말씀하셨다.

"무엇을 가족이라 말하는가? **선남자가 집에 살면서 즐거울 때
같이 즐거워하고, 괴로울 때 같이 괴로워하며, 일을 할 때에는
뜻을 모아서 같이 하는 것을 가족이라 말하느니라.**"

아홉.

부처님께서 사위성 기원정사에 계실 때 제자들에게 말씀하셨다.

"여인들은 다섯 가지 종류의 욕심이 강하다.

호화롭고 귀한 집에 태어나기를 바라고

부귀한 집안으로 시집가기를 바라고

남편이 자기 뜻대로 따라주기를 바라며

자식이 많기를 원하고

집안에서 제 마음대로 하는 것을 바란다.

누구든 비록 이러한 욕심은 있으나

지은 복이 없으면 이루어지지 않느니라."

열.

부처님께서 사위성 기원정사에 계실 때
한 천자가 문안드리고 여쭈었습니다.
"누가 공경하고 순종하며
누가 깔보고 업신여기며
누가 재롱떠는 것이 어린애 같나이까?"
부처님께서 게송으로 말씀하셨습니다.
"남자가 공경하고 순종하면
여자는 반드시 깔보고 업신여기려 하며
남자가 깔보고 업신여기면
여자는 반드시 공경하고 순종하며
여자가 미소 짓고 아양 떠는 것
마치 부모 품안의 어린애 같네."

열 하나.

어머니와 아버지를 하늘처럼 공경하고 예배하라.
어머니와 아버지를 큰스승 섬기듯이 공경하고 예배하라.
어머니와 아버지는 가정에서 하늘이요, 큰스승이니라.
부모는 자식들이 공양해야 할 사람이며
자손을 사랑하는 사람이다.
지혜로운 사람은 부모를 부족함이 없이
받들고 공경해야 하느니라.
성현은 부모를 받들어 섬기는 사람을 칭찬하고
부모를 받들어 섬기는 사람은
천상에 태어나는 기쁨을 얻을 것이니라.

열 둘.

부처님께서 사위성 기원정사에 계실 때 제자들에게 말씀하셨습니다.

"아버지와 어머니에게는 아무리 착한 일을 하여도 은혜를 다 갚을 수 없다. 어떤 사람이 왼쪽 어깨에 아버지를 얹고 오른쪽 어깨에 어머니를 얹은 채 천만 년 동안 옷과 음식과 약으로 공양할 때, 그 부모가 어깨 위에서 똥과 오줌을 누더라도 자식이 그 은혜를 다 갚은 것은 아니니라.

부모님 때문에 자식은 해와 달을 볼 수 있게 되었으니 그 은혜는 지극히 무거우니라. 그러므로 **부모님께 항상 공양하고 효순하여 공경하되 그 시기를 놓치지 말라."**

열 셋.

부처님께서 왕사성 죽림정사에 계실 때 시가라에게 말씀하셨습니다.

"부모 된 이는 다섯 가지 행동으로서 자식을 사랑해야 하느니라. 악행을 못하게 하고, **선행**을 쌓게 하며, **가문을 잇는 직업**을 훈련시키고, **적당한 아내**를 맞게 하며, **적당한 시기에 상속**시켜야 하느니라."

일 넷.

부처님께서 베사리성을 떠나 구사마을에 도착하셨다. 그때 마을의 바라문 거사 장자들이 문안을 드리고자 모였다. 그 가운데는 바라문 불파육제도 있었다. 부처님께서는 재가 불자들을 향해 설법하셨다.

"그대들이여, **재가자들은 네 가지 법을 닦아야 하느니라.**

부모에게 공경하고 마음을 다해 효도로 봉양하라.

항상 착한 법으로 아내와 아들 딸을 훈계하고 가르쳐라.

종이나 아래 사람들을 불쌍히 생각하여 있고 없는 것을 잘 살펴라.

선지식을 가까이 하고 악한 사람을 멀리 하라.

그대들이 이 네 가지 법을 항상 지키면 살아서 사람들의 사랑과 공경을 받을 것이요, 내생에는 태어나는 곳곳마다 좋은 세상 만나리라.

불파육제여, 재가자에게 네 가지 즐거움이 있나니 남에게 빚을 지지 않아 부끄러울 일이 없을 때이며, 큰 부자로서 스스로도 아끼느라 쓰지 않고 부모와 처자, 친척, 권속에게 주지 않으며 또 사문이나 바라문에게도 공양하지 않음이요. 큰 부자로서 몸에 화려한 의복을 걸치고 가장 좋은 음식을 마음껏 먹으며 부모에게 공양하고 친척 권속들에게도 골고루 나누어주며 사문과 바라문을 받들어 섬김이요. 또한 몸과 입과 마음씀을 악하지 않게 하여 바른 법을 많이 듣는 것을 즐기는 것이니라. 이러한 재가자로서의 네 가지 즐거움 중에 남의 빚을 지지 않는 것과 아끼고 탐내는 것은 최하의 즐거움이라 하고, 주는 것을 좋아하는 것은 중간의 즐거움이요, 몸과 입의 마음으로 나쁜 짓 하지 않고 총명하고 슬기롭게 많이 듣는 것을 좋아하는 것을 최상의 즐거움이라 하느니라."

부처님께서 게송으로 말씀하셨습니다.

"빚지지 않는 것과 아끼는 일은 최하의 즐거움이요,

재산이 있어 보시를 행하면 중간의 즐거움이며

몸과 입과 마음 청정하고

슬기롭게 많이 듣는 것을 좋아하는 일 최상의 즐거움이니
지혜 있는 사람이 해야 할 일이니라.
그대들은 오늘부터 몸과 목숨 다할 때까지
어른과 어린이를 서로 가르쳐
중간과 최상의 법을 행할지어다."

열 다섯.

부처님께서 사위성 기원정사에 계실 때였다. 젊고 잘 생긴 한
사내가 부처님께 인사드리고 여쭈었다.

"크샤트리아족이 두 발 달린 중생 가운데 제일 높고 황소는
네 발 짐승 가운데 제일이며 아내에게 순결이 제일이고 아들은
맏아들이 제일이라네."

이에 대하여 부처님께서는 다음과 같이 게송으로 대답하셨습
니다.

"진리를 깨달은 부처가

두 발 달린 중생 가운데 제일 높고,

날쌘 말이 네 발 짐승 가운데 제일이며

남편에게 순종하는 것이 어진 아내이고,

효도하는 아들이 아들 가운데 제일이니라."

열 여섯.

아내가 남편을 섬기되 다섯 가지 일에 힘써야 하느니라.

남편이 밖에서 돌아오면 **일어나서 맞이하라.**
집안을 잘 정리하고 음식을 잘 만들어라.
딴 남자를 생각지 말고 얼굴을 붉혀 다투지 말라.
남편의 의사를 존중하고 재산을 잘 관리하라.
남편이 휴식을 취할 때 편안하게 하라.

열 일곱.

부처님께서 코살라국 사위성 기원정사에 계실 때였습니다.
어느 날 용모 단정한 한 사내가 부처님께 인사드리고 여쭈었습
니다.

"그 어떤 사람이 객지에서 좋은 벗이며
어떤 사람이 집안에서 좋은 벗입니까?
그 어떤 사람이 재물에 좋은 벗이며
어떤 사람이 후세에 좋은 벗입니까?"
부처님께서 게송으로 말씀하시기를,

"먼 지방으로 장삿길 나서는 사람을
잘 안내해주는 사람이
객지에서의 좋은 벗이요.
정숙하고 어진 아내는 집안의 좋은 벗이라.
서로 화목하고 가까이 하는 일가친척이
재물의 좋은 벗이고,
스스로 닦은 공덕이 후세의 좋은 벗이니라."

열 여덟.

부처님께서 사위성 기원정사에 계실 때였습니다. 어느 날 부처님께서 이른 아침에 걸식하시려고 성안으로 들어갔습니다. 그때 늙고 쇠약한 한 바라문이 지팡이에 몸을 의지한 채 걸식하고 있었습니다.

"그대는 어찌하여 늙고 쇠약한 몸으로 거리에서 걸식하고 있는가?"

"고타마시여, 아들을 키워 며느리를 맞은 다음에 우리 집 재산 모두를 물려주고 집에서 나오게 되어 이렇게 걸식하고 있나이다."

"내가 그대에게 게송을 일러줄 터이니 많은 사람들 가운데서 말하라"고 하시면서 다음과 같은 게송을 가르쳐 주셨습니다.

"아들을 낳아서 기뻐했고,

아들을 위해서 재산을 모았으며

아들을 위해서 며느리를 들인 뒤에

나는 집에서 물러나게 되었네.

어떤 시골의 부랑한 자식이 아비를 등지고 버렸으니
얼굴은 사람이지만 그 마음은 나찰이로다.
늙은 말은 쓸데 없다고 보리 껍질까지 빼앗은 것처럼
늙은 아비는 집을 나와
거리를 떠돌면서 밥을 빌고 있네.
구부러진 지팡이는 사나운 소를 막아주고 개를 쫓아주며
어두운 곳에선 나를 부추기고
가시덤불을 헤쳐 나가게 해주니
늙은이에게 지팡이가 제일이로다."
이 말을 전해 들은 아들은 깊이 뉘우치고 아버지를 모시고 잘
효도하였다.

열 아홉.

일가친척이나 벗을 사귀는데 있어서 다음의 다섯 가지를 힘써야 하느니라.

잘못하는 것을 보면 남이 모르게 **조용히 타일러서 고치게 하라.**
조그만 것이라도 급한 일이 있을 때에는 **달려가서 도와주도록 하라.**
개인적인 이야기들은 남에게 공개하지 말라.
서로 공경하고 칭찬하라.
좋은 물건이 있을 때는 적든 많든 나누어 가져라.

두 번째 이야기 가족 / Digha-Nikaya

스물.

부처님께서 왕사성 기사굴산에 계실 때 선생에게 말씀하셨습니다.

"자식이 부모를 공경하되 다음을 명심해서 힘써야 하느니라.
부모님께서 길러 주셨으니 부모님을 봉양해야 한다.
부모를 위하여 부여된 임무를 다해야 한다.
가문의 혈통과 전통을 지켜나가야 한다.
상속된 재산을 더욱 쌓아가야 한다."

스물 하나.

부처님께서 선생에게 말씀하시기를 자식은 **다섯 가지로 부모님을 받들어 공경하라.**

"**부족함이 없게 받들어 봉양하라.**
하고자 하는 일에 대하여 먼저 **부모님과 상의하라.**
부모가 하시는 일에 **거역하지 말고 순종하라.**
부모님께서 하시는 바른 **명령을 감히 어기지 말라.**
부모님께서 해오시던 **바른 직업을 이어서 더욱 번창케 하라.**"

스물 둘.

부처님께서 말씀하셨다.

"논 가운데 잡초가 있을 때 그것을 뽑아버리지 않으면 결국 논 전체를 망치게 된다. 이와 마찬가지로 **세상 사람들의 가정에서도 나쁘고 못된 자식이 있을 때, 그 자식을 제대로 길들이고 가르치지 못하면 그 집안을 망치게 되느니라.**"

스물 셋.

부처님께서 왕사성 기사굴산에 계실 때 선생에게 말씀하셨다.

"재산을 탕진하는 여섯 가지 길이 있다.
술에 빠지는 것
도박에 깊이 빠지는 일
절제하지 못하고 방탕하는 것
기생놀이에 눈이 어두워지는 것
나쁜 친구와 사귀는 것
그리고 게으름을 피우는 일이다."

스물 넷.

제지는 스승을 공경함에 있어서 다섯 가지 일에 힘써야 하느니라.

공경하고 높이 칭찬해야 하느니라.
스승의 은혜를 항상 기억하라.
가르치신 대로 따르라.
늘 사모하고 생각해야 하느니라.
스승의 뒤를 따르고 명예를 드날려야 하느니라.

스물 다섯.

부처님께서 사위성 기원정사에 계실 때였다. 한 사나이가 부처
님께 문안드리고 여쭈었다.

"무엇이 사람들의 소유물이고, 누구를 제일 좋은 짝이라 하며,
무엇으로 목숨을 잇고, 중생은 무엇을 의지합니까?"
부처님께서는 게송으로 대답해주셨다.

"논이나 밭이 중생의 소유요,
어진 아내가 제일 좋은 짝이며
먹을 것으로 목숨을 보존하고,
직업은 중생의 의지가 된다."

스물 여섯.

부모를 섬기고, 처자를 사랑하고 보호하며 자신의 직업에 성실한 것은 최상의 행복이다.

보시를 하고 경건하게 살며, 일가친척을 사랑하고 보호하며, 비난받지 않도록 행동하는 것은 최상의 행복이다.

존경과 겸손, 만족과 감사 그리고 때때로 진리를 듣는 것은 최상의 행복이다.

인내와 온순한 말, 수행자와 사귀는 것, 때때로 경건하게 서로 대화하는 것은 최상의 행복이다.

참회와 순결, 거룩한 진리를 관찰하는 것 그리고 열반을 체험하는 것은 최고의 행복이다.

세상의 법에 부딪혀도 마음 흔들리지 않고, 슬픔과 죄로부터 자유로우며, 두려움이 없는 것은 최상의 행복이다.

이렇게 살아가면 어떤 일이 닥쳐도 패하지 않나니, 그는 이 세상 어디라도 자유롭게 살 수 있다. 그래서 최고의 행복을 누린다.

스물 일곱.

파사익왕의 아들 유리왕은 옛날에 당한 모욕을 갚고자 군사를 동원하여 카필라국을 쳐들어왔다. 이러한 소식을 들으신 부처님께서는 유리왕이 군사를 이끌고 오는 길로 나가서 가지도 잎사귀도 없는 한 나무 밑에 앉아 계셨습니다.

유리왕은 부처님 앞에 내려 문안드리고 여쭈었습니다.

"잎이나 가지가 무성한 나무를 두시고 어찌하여 여기에 앉으셨나이까?"

"친족의 그늘은 남들보다 낫소."

이 말씀을 들은 유리왕은 물러갔다가 다시 쳐들어 왔습니다. 부처님께서는 전과 같이 하여 막았습니다. 그때 부처님께서 게송으로 말씀하셨습니다.

"친족의 그늘은 시원하도다.

석가 종족은 부처를 낳았다.

석가족은 모두 나의 가지요, 잎이니라.

그러므로 나는 이 나무 밑에 앉았노라."

스물 여덟.

부처님께서 사위성 기원정사에 계실 때였습니다. 어느 날 부처님께서는 마납에게 말씀하시기를,

"하늘은 자기 집에 있나니 **하늘을 섬기고자 하면 먼저 부모님께 공양하라. 아사리를 공양하고자 하면 부모님께 공양하라. 부모가 바로 아사리니라.**

예배를 하고자 하면 먼저 **부모님께 예배하여야 하느니, 그러면 살아서 명예를 얻고 죽어서는 천상에 태어나느니라.**"

집착

PERSISTENCE

어디에도 의존함이 없으며 누구에게도 기대지 않는 당당한 모습
실로 불자의 모습이길 바랍니다.

「폐사지에서의 발견 여래를 품다」 중에서

하나.

부처님께서 제자들에게 말씀하셨다.

"수행자여, 온 천하 사람들을 살펴보라. 세상을 호령하던 제왕도 죽기 마련이오. **빈부귀천 할 것 없이 죽음을 벗어날 수는 없느니라.** 결국 죽음으로 돌아가는 길은 한 가지이니라. 마치 꿈속에서 부귀영화를 누려보다가 꿈에서 깨면 꿈속에서 누린 모든 것들이 보이지 않듯이 세상에서 잠시 누리는 부귀영화도 꿈과 같아서 죽음 앞에서는 모두가 보이지 않고 사라지느니라. 그러므로 **세상일에 너무 매달리지 말고 꿈같이 생각하고 법을 잘 수행하라.**"

둘.

부처님께서 사위성 기원정사에 계실 때 어느 날 제자들에게 말씀하셨다.

"만일 수행하는 사람이 육신에 집착한다면 악마의 마음대로 되고, 악마의 손에 들어가며, 악마가 하고자 하는 대로 되며, 악마에게 구속되어 악마로부터 벗어나지 못하느니라. **느낌이나 생각, 의지나 의식에 있어도 마찬가지니라. 그러나 이러한 것으로부터 벗어나 집착하지 않으면 악마의 손아귀에서 벗어날 수 있느니라.**"

셋.

부처님께서 사위성 기원정사에 계실 때 한 천인이 문안드리고 여쭈었다.

"이 세상의 모든 중생은 항상 근심 걱정 속에서 놀라고 두려워 하나니 재물과 명예를 얻은 사람이나 얻지 못한 사람이나 기쁨에 들뜨지 않고 괴로움도 느끼지 않으며 평온한 마음으로 사는 길을 말씀해 주소서."

부처님께서 게송으로 말씀하셨다.

"지혜 있는 사람이라면

애써 행하고도 자신을 잘 다스려

자기가 한 일에 매달리지 않나니

그 같은 사람 빼고서 그 누가 생사를 벗어나리.

자기가 한 일을 놓아버리지 못하면

항상 생사의 흐름에 빠져

놀라고 두려워하나니

온갖 근심, 걱정의 고통에 얽매여 있으리."

넷.

부처님께서 바라나시의 선인들이 사는 동산에 계실 때 제자들
이 강당에 모여 부처님의 가르침을 말했다.

"만약 양극단을 아는 사람이라면

그 중간에도 아주 집착하지는 않으리니

그런 사람이라야 대장부라 말할 수 있다.

다섯 가지 탐욕을 돌아보지 않아서

번뇌 망상의 쇠사슬이 없어질 때

근심의 굴레를 멀리 벗어나리라."

다섯.

부처님께서 사위성 기원정사에 계실 때 가마라 비구가 부처님께 문안드리고 여쭈었다.

"세존이시여, 무엇을 욕심이라 하나이까?"

"욕심에는 다섯 가지가 있다. 눈으로 사물을 보고 마음에 드는 것에 매달려 탐욕을 갖는 것이요, 귀가 소리를 듣고, 코가 냄새를 맡고, 혀가 맛을 보고, 몸이 감촉을 느끼고 좋아하는 것에 매달려 집착하는 것이니라. 이 세상의 다섯 가지 경계 그 자체를 애욕이라 하지 않는다. 그것에 대하여 집착하고 매달리는 것 그것이 곧 사람의 욕심이니라. **진실로 수행하는 사람은 그러한 것을 만나더라도 집착하고 매달리지 않아 욕심을 벗어나느니라."**

여섯.

부처님께서 베사리성의 원숭이못 근처에 계실 때 제자들에게
말씀하셨다.

"**여섯 가지 악마의 갈고리가** 있느니라.

눈이 본 것에 매달리는 것이 **악마의 갈고리다.**

귀로 소리를 듣고 매달리면 **악마의 갈고리다.**

코로 냄새를 맡고 매달리는 것이 **악마의 갈고리다.**

혀로 맛을 보고 매달리는 것이 **악마의 갈고리다.**

몸이 감촉을 느끼고 집착하는 것이 **악마의 갈고리다.**

뜻으로 법에 매달리는 것이 악마의 갈고리다.

만약 수행하는 사람이 악마의 갈고리에 걸리면 자유롭지 못하
느니라."

일곱.

부처님께서 사위성 기원정사에 계실 때 한 천인이 문안드리고 여쭈었다.

"세존이시여, 수다빌사기타 여인이 아들을 낳았습니다."

부처님께서 말씀하셨다.

"좋다고 말할 수 없느니라."

천인이 게송으로 여쭈었다.

"세상 사람들은 아들을 좋아하여 아들을 낳으면 모두 기뻐하거늘 어찌하여 좋다고 말하지 않나이까?"

부처님께서도 게송으로 말씀하셨다.

"아들을 낳으면 기뻐하지만

사랑에는 반드시 헤어짐이 있으며

집착이 생기면 괴로움이 따를 것이니

아들을 낳았다고 기뻐할 일 아니로다.

좋지 않은 것을 좋다고 생각하고

사랑 아닌 것을 사랑으로 여겨

괴로움을 즐겁다고 생각하니
게으름은 나날이 깊어만 가네."

여덟.

부처님께서 왕사성 죽림정사에 계실 때였다. 어느 날 제자들을 향해서 게송으로 말씀하셨다.

"부디 과거를 생각하지 말고
또한 미래를 원하지도 말라.
과거는 이미 사라졌고
미래는 아직 오지 않았다.
현재의 모든 일에 대해서도
무엇 하나 변하지 않는 것은 없음을 알라.
이렇게 지혜로운 성자의 길을 본받아 살아간다면
무엇 때문에 죽음을 근심하랴.
나는 이제 죽음의 근심을 만나지 않거니
큰 고통과 재앙은 이미 끝났느니라.
이와 같이 부지런히 힘써
밤낮으로 게으르지 말지어다."

아흔.

부처님께서 사위성 기원정사에 계실 때 한 천자가 문안드리고
여쭈었다.

"비록 다섯 가지 욕심을 만났다 해도 만남만으로는 탐욕이라
말하지 않고 생각이 물들고 매달릴 때 탐욕이라 말하나니, 온
세상을 욕심이 얽어매더라도 마음이 견고한 사람은 얽매이지
않고 해탈하리라."

부처님께서 게송으로 말씀하셨다.

"탐욕의 바탕은 본래 무상하나니

탐욕심을 끊으면 도를 깨닫겠지만

탐욕에 매달려 집착하면

영원히 해탈하지 못하리라.

불신하는 마음을 일어나지 못하게 하고

믿음으로 벗을 삼으면

그 이름 온 세상에 두루 펼치고

이 생을 다한 뒤 천상에 나리라.

믿음을 지키고 탐욕을 끊으면 윤회의 굴레를 벗어나
생사의 구속을 떨치고 길이 열반에 들리라.
육신은 텅 비었으니 '나' 없음을 알아
육신과 생각이 허망함을 깨닫고
육신과 생각에 집착하지 않으면
해탈의 기쁨을 얻게 되리라.
해탈에도 매달리지 않고
해탈 아닌 것에도 매달리지 말고
자비로운 마음으로 모든 중생들을 감싸고 보호하여
널리 모든 생명에 이익 됨을 베풀어야 하리라."

마음
MIND

지혜롭기를 바라는 간절한 마음.
그 한 마음 안고 산다면 두려울 게 없을 것입니다.

「폐사지에서의 발견 여래를 품다」 중에서

하나.

부처님께서 사위성 기원정사에 계실 때였다. 어느 날 용모 단정한 한 젊은이가 와서 부처님께 여쭈었다.

"제도하기 어렵고 참아내기 어렵습니다. 사문들이 어리석어 오히려 더욱 번민 속에 빠져듭니다. 마음은 깨달음을 얻어 자유롭고자 하지만 더욱 더 갈등과 번민 속에 빠져 들어가고 있습니다. 세존이시여 어떻게 해야만 그 마음을 잘 다스릴 수 있습니까?"

부처님께서 게송으로 대답하시기를,

"위험을 만난 거북이가 머리와 꼬리, 네 발을 잘 감추는 것처럼

비구는 오직 마음을 흔들리지 않게 하여서

보고 듣는 감각을 잘 거두어서

그 무엇에도 매달리지 않으면 두려울 것 없노라.

이것은 자기의 마음을 잘 다스리는 길이니

남들의 비방에 흔들리지 않는다."

둘.

부처님께서 사위성 기원정사에 계실 때였다. 부처님의 고종사촌 티사는 '나는 부처님 고모의 아들이니 부처님의 형제이다. 그러므로 누구를 공경할 것도 없고 거리낄 것도 없으며 두려워할 것도 없고 누구의 충고를 들을 것도 없다'고 생각하며 교만하였다. 이러한 소식을 들으신 부처님께서는 제자들을 시켜 티사를 불러오게 하였습니다.

"너는 나의 형제라 해서 두려워할 것도 없고 충고를 들을 것도 없다고 하였느냐?"

"실로 그렇게 하였나이다. 세존이시여."

"그래서는 안 되느니라. 너는 나와 형제이니 누구든 공경하고 두려워할 줄 알며 누구의 충고라도 참고 들을 수 있어야 하느니라."

부처님께서 게송으로 말씀하셨다.

"착하여라, 너 티사여.

성냄을 떠나는 것이 착하다 말할지니
성내지 말라.
성내는 것은 착함이 아니니라.
분노하고 교만한 마음 버리고
부드럽고 겸손한 마음 되거든
내 밑에 와서 수행토록 하라."

셋.

나는 만인의 벗이며
모든 이들의 친구이며
살아있는 모든 것에 동정심을 갖노라.
내 마음속의 연민을 갈고 닦아서
선행 안에서 기쁨을 누리리.

넷.

부처님께서 사위성 기원정사에 계실 때였다. 한 비구의 몰골이
못났기 때문에 많은 비구들이 함께 하기를 꺼려하고 항상 업신
여겼다. 이것을 아신 부처님께서 비구들에게 말씀하셨다.

"너희 비구들이여, 그 비구를 업신여기지 말라. 그는 이미 아
라한이 되어 번뇌의 짐을 벗고 해탈하였느니라. 나를 대하듯이
그를 대하라. 그 비구를 업신여기면 스스로 손해를 입느니라."

부처님께서 계송으로 말씀하셨다.

"공작새가 비록 그 겉모습은 화려하지만
기러기나 고니처럼 하늘을 높이 날지 못하느니라.
겉모습은 비록 잘났다 하더라도
번뇌를 끊고 공덕을 이루느니만 못하니,
지금 그 비구는 잘 길들여진 말과 같아서
스스로 마음을 다스려 모든 번뇌의 결박을 벗어나
다시는 윤회의 몸을 받지 않으리라."

다섯.

남들의 존재는 나의 존재와 같으며, 나의 존재는 남들의 존재와 같다고 생각하여 **남을 죽여서도 안 되고 죽음에 이르게 해서도 안 된다.**

여섯.

부처님께서 사위성에 계실 때 성안의 악한 사람이 부처님을 해치고자 칼과 활을 들고 달려들었다. 그때 부처님께서는 신통력으로 유리성을 만들어 접근하지 못하게 하였다, 그때 악인이 말했다.

"어찌하여 문을 열지 않는가?"

"이 문을 열게 하려거든 먼저 그 활과 칼을 버려라."

그 사람은 잡히기만 하면 주먹으로 쳐버릴 것이라고 생각하고 곧 활과 칼을 버렸으나 문은 여전히 열리지 않았다.

"활과 칼을 버렸는데도 어찌하여 문을 열지 않는가?"

"나는 네 마음속의 악한 마음인 칼과 활을 버리라는 것이지 네 손에 들고 있는 활이나 칼을 버리라고 말한 것은 아니니라."

그 사람은 드디어 굴복하여 가르침을 받았다.

일곱.

부처님께서 사위성 기원정사에 계실 때 한 천인이 문안드리고
여쭈었다.

"마음먹은 대로 이루어지는 것 즐거움이나 욕심을 채우는 즐
거움이 제일이로다."

부처님께서 게송으로 말씀하셨다.

"진정한 즐거움은 마음에 부담 없는 것

구하고 바라는 것 있으면 괴로움이로다.

마음속에 바라고 원하는 것이 없는 것

즐거운 마음 가운데 제일이로다."

여덟.

부처님께서 사위성 기원정사에 계실 때였다. 그때 한 수행자가 이성을 그리워하는 마음 때문에 도를 얻지 못하게 되자 도끼로 자기의 음경陰莖을 끊으려 하였다. 그것을 아신 부처님께서 그에게 말씀하셨다.

"너는 어찌 그렇게도 어리석어 도리를 알지 못하느냐? 도를 얻으려면 먼저 어리석음을 끊고 그 다음에 마음을 다스려야 하느니라. 마음은 선과 악의 근본이니라. 너의 음경을 끊기 전에 먼저 네 마음을 다스려라. 마음이 안정되고 뜻이 자유로워야 도를 얻게 되느니라. 열 두가지 인연은 어리석음에서 비롯되느니라. **어리석음은 뭇 죄의 근원이요 슬기로움은 많은 선행의 근원이니라. 그러므로 먼저 어리석음을 끊은 뒤에야 뜻이 안정될 것이니라.**"

아홉.

부처님께서 사위성 기원정사에 계실 때 제자들에게 말씀하셨다.

"고치기 힘든 다섯 종류의 사람이 있다. 아첨하는 사람, 간사한 사람, 입이 험한 사람, 질투심이 강한 사람, 그리고 은혜를 모르는 사람이니라. 이 다섯 사람은 마음을 고치기가 힘들다. 그래서 **지혜로운 사람은 이런 사람을 가까이 하지 않느니라."**

열.

부처님께서 열반을 앞두시고 제자들에게 말씀하셨다.

"마음이 스스로 열리면 앉아서 생각만 하여도 곧 하늘을 볼 것이며, 사람들이 생각하는 것을 다 알 것이며, 또한 지옥 아귀 축생의 좋고 나쁜 세상에 태어나는 것을 보는 것이 마치 맑은 물속에 있는 모래와 돌들이 어떠한 모양을 가지고 있는지 사실대로 볼 수 있는 것과 같다. 물이 맑아야 물 속을 볼 수 있듯이 마음이 청정해야 윤회를 벗어날 수 있다. 물이 흐리면 물의 깊고 얕음이나 바닥을 볼 수 없는 것처럼 마음이 청정하지 못하면 세상을 벗어나는 도를 얻지 못하나니, 이는 마음이 흐린 때문이다."

열 하나.

부처님께서 사위성 기원정사에 계실 때 제자들에게 말씀하셨다.

"나는 이 세상에서 마음보다 빠른 것을 보지 못했다. 그것은 무엇으로도 비유할 수가 없다. 마치 원숭이가 나무를 탈 때 한 손을 놓자 다른 한 손이 잡는 것처럼, 마음의 불안도 이와 같아서 앞생각과 뒷생각이 동일하지 않느니라. 사람 마음의 돌아다님은(움직임) 도저히 헤아릴 수가 없다. 그러므로 **항상 마음을 항복 받아 착한 길로 나아가도록 공부해야 하느니라.**"

열 둘.

부처님께서 사위성 기원정사에 계실 때 제자들에게 말씀하셨다.

"중생은 언제나 대상과 함께 하고 대상과 하나로 어울리느니라. **선한 마음을 가지면 대상을 선하게 보고, 비열한 마음을 가지면 대상을 나쁘게 보게 되느니라.**"

일 셋.

부처님께서 사위성 기원정사에 계실 때였다. 어느 날 제자들에게 말씀하셨다.

"개를 기둥에 묶어 놓으면 개는 끈을 끊지 못하기 때문에 기둥을 빙빙 돌면서 서기도 하고, 앉기도 하고, 눕기도 하지만 기둥을 떠나지는 못한다. 이와 같이 범부들은 육신에 묶이어 탐욕을 일으키고 매달려 떠나지 못하기 때문에 욕심의 갈증을 벗어나지 못한다. 그것은 이미 오랜 세월동안 마음이 탐욕과 성냄과 어리석음에 물들었기 때문이니라. **비구여, 마음이 번거로우면 세상이 번거롭고, 마음이 맑고 깨끗하면 중생계 또한 맑고 깨끗해지느니라.** 얼룩새가 몸뚱이는 하나이지만 몸의 색깔은 수없이 많듯 사람 역시 몸은 하나이지만 마음의 얼룩은 얼룩새의 몸 빛깔보다 더 많으니라."

열 넷.

바른 마음으로 마음이 사람을 따르게 할지언정
사람이 마음을 따르게 하지 말라.
마음은 사람을 그릇되게도 하고
아라한이 되게도 하며
하늘도 되고 축생도 되게 한다.
이 세상의 모든 것을 다 마음이 만드느니라.

열 다섯.

부처님께서 사위성 기원정사에 계실 때였다. 한 젊은이가 부처
님께 인사드리고 여쭈었다.

"무엇이 세상을 유지하고
무엇이 세상을 이끌고 있으며
어떤 법이 있어 이 세상을 제어합니까?"
부처님께서 게송으로 말씀하셨다.

마음이 세상을 유지해 가고

마음이 세상을 이끌고 있다.

그 마음이 한 법이 되어

세상을 능히 제어하느니라."

네 번째 이야기 마음 / 불반니원경

열 여섯.

부처님께서 열반을 앞두시고 제자들에게 말씀하셨다.

"비구들이여, 깨끗한 마음, 생각하는 마음, 지혜로운 마음을 가져야 한다. 깨끗한 마음이 있으면 마음에 지혜가 생길 것이며, 마음에 지혜가 생기면 아는 법이 열릴 것이다. 음욕을 생각하지 않고 미움을 생각하지 않으며 삿된 생각을 갖지 않으면 마음이 열리리라. 마음을 깨끗하게 하는 길은 생각하는 마음 지혜로운 마음이니 음욕과 성냄이 없게 되어서 마음을 깨끗이 하는 도를 얻는 것이다."

열 일곱.

부처님께서 열반을 앞두시고 제자들에게 말씀하셨다.

"비구들이여, 마음이 삿되려고 할 때 그것을 따르지 말고, 마음이 음탕하려 할 때 그것을 따르지 말며, 생각이 악해지려 할 때 그것을 따르지 말며, 생각이 부귀해지려 할 때 그것을 따르지 말라. 마음을 단속하여 마음이 사람을 따르게 할지언정 사람이 마음을 따르게 하지 말라. 마음은 사람을 그릇되게 만들며, 마음은 사람을 죽이기도 하며, 마음이 아라한도 되며, 마음이 하늘도 되고, 마음이 사람도 되며, 마음이 축생도 되며, 마음이 지옥도 되고, 마음이 아귀도 되나니 이 세상의 모든 것을 다 마음이 만드느니라. 지금 내가 부처가 되어 하늘에서나 인간에게서 공경을 받는 것도 모두 마음에서 이루어진 것이니라."

열 여덟.

부처님께서 사위성 기원정사에 계실 때였다. 어느 날 천인이
내려와 부처님께 문안드리고 게송으로 말했다.

"항상 말만으로 떠들지 말고

또한 항상 한결같이 듣지만도 말라.

먼저 바른 도를 굳게 얻어 항상 고요함을 생각하면서

온갖 악마의 굴레를 벗어나거라.

스스로 할 수 있는 것은 말해도 좋지만

제가 할 수 없는 것은 말하지 말라.

행하지 않으면서 말만 하는 것

지혜로운 이는 그 잘못을 안다네.

제가 해야 할 일을 하지 않고

하지 않고서 했다고 말하는 것은

그것은 도적의 허물과 같네.

부처님께서 천인에게 말씀하셨다.

"너는 지금 누구를 꾸짖고 있는가?"

"잘못을 뉘우치나이다. 거룩하신 세존이시여."

그때 부처님께서는 말씀 없이 미소만 지으셨다. 그랬더니 천인은 다시 말했다.

"나는 지금 허물을 뉘우치건만

세존께선 받아주시지 않고

마음속에 미움을 남기시어

그 미움을 버리시지 않네."

부처님께서는 게송으로 대답하셨다.

"말로는 그 허물을 모두 뉘우쳤다 하지만

안으로 그 마음 사라지지 않으면

어떻게 원망하는 마음을 쉬어(내려놓다, 방하착放下着)

착한 마음을 닦는다고 말하리."

열 아홉.

부처님께서 코살라국 손타리 강가에 계실 때였다. 근처에 살고
있는 한 바라문이 부처님께 문안드리고 여쭈었다.

"손타리강에 가서서 목욕하시지 않으시겠습니까."

"손타리강에 목욕해서 무엇하겠느냐?"

"고타마시여, 손타리강은 제도하는 강이요 상서로운 강이
며 청정한 강입니다. 누구라도 그 강에서 목욕을 하면 모든 악
을 다 없앨 수 있나이다."

부처님께서 게송으로 말씀하셨다.

"손타리강이나 다른 강들도
사람의 악을 깨끗하게 할 수는 없나니
어리석은 사람은 항상 강가에 살아도
죄악을 없애지는 못하느니라.
그 마음이 깨끗한 사람이라면
구태여 강물에 목욕해서 무엇하리.
자신이 청정한 사람이라면

포살(uposatha)은 해서 무엇하겠느냐.
살생하지 말고 도둑질하지 않으며
음행하지 않고 거짓말하지 않아
스스로 깨끗한 업을 쌓아
자신을 지켜야 하느니라.
믿음으로 보시하여 인색함을 없애고
이웃을 대할 때 항상 자비로워
인간의 허물을 벗어버리면
고여 있는 우물물로 목욕해도 그만이거늘
구태여 손타리강물에 씻어 무엇하겠느냐?
속마음이 깨끗하면
겉으로 몸뚱이를 씻지 않아도 되나니
천하고 낮은 몸에 묻은 때가 많아서
물로 씻고 먼지를 닦는다고
그 마음이 따라서 깨끗해지지는 않느니라.”

스물.

부처님께서 사위성 기원정사에 계실 때 많은 대중에게 말씀하셨다.

"중생이 21가지의 번뇌로서 마음이 물들어 있으면 그는 반드시 나쁜 곳에 떨어진다. 성내는 마음, 남을 해치는 마음, 게으른 마음, 들떠있는 마음, 불신하는 마음, 증오하는 마음, 꺼리는 마음, 번민하는 마음, 시기하는 마음, 화내는 마음, 스스로 부끄러워할 줄 모르는 마음, 남에게 미안해 할 줄 모르는 마음,

허황한 마음, 간사한 마음, 속이는 마음, 다투는 마음, 거만한 마음, 교만한 마음, 잘난 체 하는 마음, 투기하는 마음, 탐욕스런 마음 등이다."

스물 하나.

남들이 우리를 미워하더라도 우리는 미워하지 말고, 마음으로부터 벗어나 진실로 행복하게 살자.

마음이 병든 사람 가운데 살더라도 병든 마음으로부터 벗어나 진실로 행복하게 살자.

탐욕스런 사람 가운데 살더라도 탐욕으로부터 벗어나 진실로 행복하게 살자.

승리는 미움을 불러온다. 싸워서 이긴 자는 불행하다. 그러므로 승리도 패배도 포기해야 진실로 만족하고 행복하다.

격정보다 뜨거운 불이 없고, 미움보다 많이 잃는 것은 없다.

육신보다 더 심한 고통이 없고, 휴식보다 더 좋은 행복은 없다.

굶주림은 가장 나쁜 재앙이요, 육신에 집착함이 가장 나쁜 죄로다. 이것을 바르게 아는 사람은 열반을 얻어 최고의 행복을 누린다.

건강은 최고의 선물이요, 만족은 가장 훌륭한 재산이다.

진실은 가장 좋은 친척이요, 열반은 최고의 행복이다.

고요한 곳에서 마음의 평온을 누리는 사람은 두려움과 죄로부터 벗어난다. 그러면서도 그는 법안에서 즐거움을 누린다.

어리석은 사람과 긴 여행을 함께 하는 것은 마치 원수를 만난 것 같아 그는 항상 괴로우리라. 그러므로 현명한 사람, 지혜로운 사람, 많이 배운 사람, 잘 참는 사람.

자기 의무에 성실한 사람을 가까이 해야 할 것이요, 착하고 현명한 사람을 따라야 할 것이니, 그것은 달이 별의 길을 따름과 같느니라.

스물 둘.

부처님께서 사위성 기원정사에 계실 때 제자들에게 말씀하셨다.

"해와 달은 네 가지 인연을 만날 때 그 빛을 발휘하지 못하게 된다. 구름이 끼거나, 먼지가 짙게 끼거나, 연기가 자욱하거나, 아수라가 삼켜버렸을 때이다. **수행자들이여, 사람에게도 네 가지 번뇌가 마음을 덮으면 깨닫지 못하게 되느니, 탐욕이 강할 때, 분노하는 마음으로 가득할 때, 사견을 쫓는 어리석음을 가질 때 그리고 이익에만 매달릴 때이니라.**"

스물 셋.

부처님께서 사위성 기원정사에 계실 때 많은 제자들에게 말씀하셨다.

"삿된 사람이 생각하는 것과 행동하는 것을 사람들은 좋아하지 않는다. 그것은 마치, 쓴 열매가 열리는 과일 나무는 아무리 좋은 땅에 심어도 쓴 열매만 열리므로 사람들이 좋아하지 않는 것과 같다. **그러나 올바른 사람의 생각이나 행동은 많은 사람들이 좋아한다.** 그것은 마치 단 열매가 열리는 과일 나무를 사람들이 좋아하는 것과 같으니라."

스물 넷.

부처님께서 사위성 기원정사에 계실 때 제자들에게 말씀하셨다.

"이제 네 가지 집착을 설명하리라. 탐욕에 대한 집착, 자기 견해에 대한 집착, 계율에 대한 집착 그리고 '나'에 대한 집착이니라. 어떤 사문이나 바라문은 탐욕에 대한 집착을 안다. 그러나 탐욕에 대한 집착이란 이름은 알지마는 그 아는 것만으로 되는 것이 아니니, 그는 아직도 소견에 대한 집착, 계율에 대한 집착, '나'에 대한 집착은 모르는 것이다. 이러한 네 가지 집착은 모두 애착※에서 생기느니라. **그러므로 네 가지 집착을 함께 깨닫지 못하면 평등한 깨달음이라 말할 수 없느니라."**

가?"

스물 여섯.

부처님께서 사위성

부처님께서 강당 동

하는 한 바라문이 부

다녔다. 부처님께서

"고타마는 항복한 것

부처님께서는 게송

"이긴 사람은 더욱 미

진 사람은 잠자리가

이기고 지는 것을 합

편안한 잠을 잘 수 있

바라문은 부처님께 부

스물 다섯.

가섭존자가 아난존자에게 물었다.

"어느 게송으로 모든 부처님의 가르침을 대표하고 있는가?"

이때 아난존자가 게송으로 대답하였다.

"모든 악행을 하지 말고

온갖 선행을 받들어 행하라

그리고 스스로 그 뜻을 깨끗이 하라.

이것이 모든 부처님의 가르침이니라."

스물 여섯.

부처님께서 사위성 동쪽 녹자모 강당에 계실 때였다. 어느 날 부처님께서 강당 동쪽 그늘 밑을 거닐고 계셨다. 그때 욕을 잘하는 한 바라문이 부처님을 맞대고 욕을 퍼부으면서 뒤를 따라다녔다. 부처님께서 걸음을 멈추시자 바라문이 말했다.

"고타마는 항복한 것인가?"

부처님께서는 게송으로 말씀하셨다.

"이긴 사람은 더욱 미움을 사고

진 사람은 잠자리가 불편하리.

이기고 지는 것을 함께 버리면

편안한 잠을 잘 수 있으리라."

바라문은 부처님께 부끄러워하고 참회하였다.

네 번째 이야기 마음 / 불반니원경

스물 일곱.

부처님께서 제자들에게 말씀하셨다.

"수행하는 사람은 자비로운 마음으로 세상을 보아야 한다. 부처님을 대할 때도 자비로운 마음이어야 한다. **설사 남이 꾸짖더라도 맞서 대응하지 말고 자비로운 미소로서 대해야 한다.** 설사 죄를 지어 감옥에 갇혀 있더라도 그를 대함에 자비로워야 하고, 이웃을 만날 때에도 자비로운 마음으로 상대해야 하느니라. **항상 자신의 마음을 잘 다스려 남들이 업신여기더라도 화내지 말고 혹 추켜세우더라도 들뜨지 않으면 근심 걱정 없으리라.** 입을 단속하여 함부로 말하지 말고, 공연한 말로서 남의 마음을 상하게 하지도 말아야 한다. 입은 재앙을 불러들이는 문이 되기도 하나니 입을 단속하지 못하면 도를 얻기가 어려우니라."

네 번째 이야기 마음 / 불반니원경

스물 여덟.

부처님께서 열반을 앞두시고 제자들에게 말씀하셨다.

"만일 깨끗한 마음, 생각하는 마음, 지혜로운 마음이 있는 스승은 제자를 가르쳐야 하고, 제자는 배우고 생각해야 한다. 그러나 스승이 골고루 제자의 마음속에 들어가 제자의 마음을 정직하게 할 수는 없는 것이니, 수행하는 사람 자신이 마음을 깨끗이 하고 마음을 정직하게 해야 하느니라. **마음에는 세 가지 때가 있으니, 음욕의 때, 분노의 때 그리고 사견을 쫓는 어리석음의 때이니라. 깨끗한 마음을 가지면 음욕의 때가 사라지고, 생각하는 마음을 가지면 분노의 때가 사라지며, 지혜로운 마음을 가지면 사견을 따르는 어리석음의 때가 사라지느니라.**"

스물 아홉.

부처님께서 석시구라미대사 마을에 계실 때였다. 부처님께서 머리와 수염을 깎으시고 단정히 앉아 머리를 옷으로 덮으시고 계실때,

그때 한 천신이 물었다.

"당신은 무엇을 근심하고 있습니까?"

"나는 잃을 것이 없거늘 무엇 때문에 근심하겠는가?"

"당신은 기뻐하는 것입니까?"

"나는 아무 것도 얻은 것이 없는데 무엇을 기뻐하겠는가?"

"사문이여, 당신은 근심하지도 기뻐하지도 않습니까?"

"진실로 네가 말한 것과 같으니라."

천신이 게송으로 물었다.

"사문이여, 당신은 지금 어이하여 번뇌가 없으며
어찌하여 기쁨도 없으면서 홀로 숲속에 머무르며
고독함을 느끼지 않나이까?"

부처님께서 게송으로 말씀하셨다.

"기뻐하는 것이 바로 번뇌며 번뇌가 바로 기쁨이니

나에겐 기쁨도 번뇌도 없음을 그대는 알라."

말씀을 듣고 천신이 찬탄하였다.

"사문이여, 참으로 거룩하십니다.

온갖 번뇌 없으시고

기쁨 또한 없으시다니 더욱 거룩하시나이다.

조용한 곳에 홀로 계시어도 고독함이 없으시니

참으로 거룩하시나이다."

생활
LIVING

바르게 보고, 참되게 보는 법을 터득하여
진정 거룩한 모습의 삶이 되어야 합니다.

「폐사지에서의 발견 여래를 품다」 중에서

하나.

부처님께서 사위성 기원정사에 계실 때였다. 부처님께서 제자들에게 말씀하셨다.

"육신에 매달려 사랑하고 즐거워하는 것은 결국 괴로움을 사랑하고 즐겨하는 것이요, 괴로움을 사랑하고 즐겨하는 것은 결국 괴로움에서 해탈하지 못하는 일이 되느니라."

둘.

부처님께서 사위성 기원정사에 계실 때였다.

어느 날 제자들에게 설법하셨다.

"너희들 소유所有가 아닌 것은 집착하지 말고 다 버려야 한다. 내 것이 아닌 것을 모두 버릴 때 항상 안락하리라. 어떤 사람이 기원정사의 동산에 있는 나뭇잎을 가지고 가면 '저것은 내 것인데 무슨 까닭으로 가져가느냐' 고 걱정하겠느냐?"

"아닙니다. 세존이시여, 그것은 '나' 도 아니며 '내 것' 도 아니기 때문입니다."

"이와 같이 **비구들은 자기의 소유가 아닌 물건을 마땅히 버려야 한다. 버릴 것을 버려야 마음이 즐거우니라.**"

셋.

부처님께서 게송으로 말씀하셨다.

"복은 뜨거운 불이 태우지 못하고
바람에 날아가지도 않는다.
또한 홍수가 세상을 휩쓸어버려도
복은 떠내려가지 않으리니
나쁜 임금과 험악한 도적이
남의 재물 억지로 빼앗을 때도
사람이 지은 복만은 훔쳐가지 못하리.
은혜로운 마음으로 베풀어 쌓은 마음의 창고는
끝내 무너지지 않는다."

넷.

"보살이 보시할 때에는 모든 생명은 먹어야 살 수 있다는 것을 생각하고 벽지불에서 범부에 이르기까지 평등하게 보아 사람을 가리지 말고 베풀어야 한다. **자기의 눈이나 재물 등 중한 것을 주더라도 애착하는 마음을 내지 말아야 한다. 보살이 보시할 때에는 자기만의 깨달음을 위해서 하지 말고 모든 중생들의 공덕을 위해서 해야 한다.**"

다섯.

부처님께서 사위성 기원정사에 계실 때였다. 파사익왕의 어머니는 거의 백 살 가까이 되었으나 왕은 지극정성으로 효도하였다. 어느 날 왕의 어머니가 돌아가시자 왕은 슬퍼하면서 갖가지 향과 꽃으로 영전에 공양하고 부처님을 찾아뵙게 되었다.

"임금이여, 무슨 일로 먼지를 그렇게 쓸고 있소."

"얼마 전에 어머니가 돌아가셔서 성 밖으로 모시고 세존을 뵈오러 왔나이다. 어머님은 생전에 계행이 청정했고 선행을 쌓아오셨나이다. 만일 어머님의 목숨을 살릴 수만 있다면 이 세상의 무엇으로라도 보답하겠나이다."

"대왕이여, 너무 슬퍼 마시오. 태어난 자는 반드시 죽음으로 돌아가나니 육신이란 허망한 것이오. 죽음이란 어떠한 말이나 주술이나 약초 또는 부적으로도 막을 수 없소. 이 세상에 늙고 병들고 죽는 일이란 참으로 무상하기 때문에 막을 수가 없는 것이오. 그러므로 육신이란 믿을 것이 못되오. 임금이여, 법으로 다스려 교화하고 법답지 않은 일을 피하시오. 왕도 오래지 않아 나고 죽는 흐름에 들어가고 말 것이오. 그러므로 **법으로 다스려 교화하면 목숨을 마친 뒤에 천상의 좋은 곳에 나겠지만 법답지 않은 일을 저지르면 죽어서 지옥의 험한 고에 떨어질 것이오.**"

"세존의 말씀을 들으니 걱정이 없어지나이다. 늘 법대로 받들어 행하겠나이다. 나라 일이 많아서 이제 돌아가고자 하나이다."

"좋을 대로 하시오."

파사익왕은 환희하며 왕궁으로 돌아갔다.

여섯.

부처님께서 사위성 기원정사에 계실 때 제자들에게 말씀하셨다.

"중생이 지고 있는 짐에 대하여 설명하리라. **무엇을 짐이라 하는가? 자기 육신에 집착하는 것이 짐이요, 자기 생각에 매달리는 것이 짐이다.** 중생은 왜 짐을 지는가? 마음이 탐욕으로부터 멀리 떠나지 못하기 때문이다. 그러므로 탐욕으로부터 벗어나지 못하는 한 짐을 벗을 수가 없다. **항상 무거운 짐을 버리고자 할지언정 새로운 짐을 만들지 말라. 짐을 지는 것은 세상 사람들의 병이니 짐을 벗어나야 즐거움이 있게 되리.**"

일곱.

부처님께서 선생에게 말씀하셨다.

"술을 많이 마시면 여섯 가지의 손해가 생기느니라. 재물이 줄어들고, 병에 걸리기 쉽고, 남과 자주 다투게 되고, 좋지 않은 버릇이 드러나 평판이 나빠지고, 성질이 나빠지며, 지혜가 점점 줄어들게 된다. 선생아, 술 마시는 버릇을 고치지 않으면 사업이 날로 줄어들 것이니라."

여덟.

부처님께서 나란타성의 파바리엄차 숲에 계실 때였다. 그때 한 장자의 아들 견고가 부처님께 문안드리고 여쭈었다.

"거룩하십니다. 부처님이시여, 만일 바라문이나 장자의 아들이나 거사들이 오거든 신통을 보이라고 제자들에게 분부하소서."

부처님께서 이에 대답하셨다.

"나는 끝내 모든 비구들에게 신통을 보이라고 가르치지는 않을 것이니라. 나는 다만 조용한 곳에서 깊이 진리를 생각하고, 자신에게 공덕이 있으면 마땅히 그것을 스스로 숨기고, 허물이 있으면 그것을 스스로 드러내라고 가르칠 뿐이니라."

아홉.

부처님께서 사위성 기원정사에 계실 때였다. 코살라국의 파사
익왕은 마가다국의 아사세왕과 사이가 멀어져 아사세왕이 코
살라국을 쳐들어왔다. 파사익왕도 군사를 이끌고 벌판에서 싸
움을 벌였으나 패하여 사위성으로 피신했다. 마침 성안으로 걸
식을 나갔다가 이러한 소식을 들은 늙은 비구들이 부처님께 돌
아와 말씀드렸다.

부처님께서는 제자들에게 말씀하셨다.

"싸움에서 이기면 원수가 늘어나고
싸움에 진 괴로움은 잠자리도 불편하다.
이기고 짐을 둘 다 버리면
누우나 깨나 항상 마음 평온하리라."

열.

부처님께서 사위성 기원정사에 계실 때였다. 어느 날 부처님께서는 제자들에게 말씀하셨다.

"남섬부주 사람들은 수명이 백세지만 중간에 일찍 죽는 사람도 많으니라. 비록 사람이 수명을 백세까지 살더라도 사는 동안 나이에 따라 행동도 같지 않고 성질도 각각 다르다.

10살 때에는 어려서 지각이 없고

20살 때에는 다소 지각이 있으나 아직 완전하지 못하며

30살 때에는 의욕이 왕성하여 이성에 집착하고

40살 때에는 온갖 기술이 많아서 하는 일이 끝이 없으며

50살 때는 이치에 해박하여 익힌 것을 잊어버리지 않느니라.

60살 때에는 재물에 집착하고 마음에 결단이 없어지며

70살 때에는 게을러지고 잠자기를 좋아하며, 몸이 둔해지고 성질이 느슨해진다.

80살 때에는 젊은 마음이 없어져 치장하지 않게 되며

90살 때에는 병이 많아지고 피부가 쭈그러져 주름살이 깊어진다.

100살 때에는 감각기관이 쇠퇴하고 뼈마디가 드러나며 건망증에 정신이 혼미해진다.

사람이 백세를 살자면 그만한 어려움을 겪어야 하고, 삼백 번의 계절을 보내야 하지만 수명이란 그래도 족함을 느끼지 못한다. 백 살을 살면 3만 6천 끼니를 먹는다. 화가 나서 먹지 않는 때가 있고 주지 않아서 먹지 못하는 때가 있으며 병이 나서 먹지 못하는 때도 있고 어려서 먹지 않는 때도 있어 대략 3만 6천 끼니니라. **그러므로 게으르지 말고 현재의 몸으로서 번뇌를 없애야 한다.**"

열 하나.

부처님께서 왕사성의 죽림정사에 계실 때 제자들에게 말씀하셨다.

"마땅히 달처럼 살고, 처음으로 출가한 사람처럼 수줍어하며 겸손하라. 물을 건널 때나 가파른 산을 오를 때 조심하듯 자신을 잘 단속하라. 남이 이익을 얻거나 공덕을 지을 때 자기 자신이 하는 것처럼 기뻐하라. 스스로 뽐내지 말고 남을 업신여기지도 말라."

열 둘.

부처님께서 왕사성의 죽림정사에 계실 때 제자들에게 말씀하셨다.

"도를 얻지 못하는 중생으로서 열한 종류의 사람이 있다. 간사하고 거짓된 사람, 험담을 좋아하는 사람, 충고하기 어려운 사람, 은혜를 배신하는 사람, 남을 잘 미워하는 사람, 부모를 해치는 사람, 아라한을 죽이는 사람, 선한 마음이 없어 악행하는 사람, 악행을 반드시 악으로 갚으려는 사람, 아집에 깊이 빠진 사람, 부처님을 대하되 나쁜 마음을 갖는 사람이다."

열 셋.

부처님께서 사위성 기원정사에 계실 때 제자들에게 말씀하셨
다.

"어리석은 사람은 제가 할 수 있는 일은 하지 않고 반대로 할
수 없는 일을 하려고 애쓴다. 그러나 **지혜로운 사람은 할 수 없
는 일을 하려 하지 않고 할 수 있는 일을 열심히 한다. 그러므로
어리석은 사람처럼 행동하지 말고 지혜로운 사람을 늘 본받아
야 한다.**"

슬기
WISDOM

부처님께서는 지혜를 터득한 후에야 법의 도리를
바로 안다고 가르치셨습니다.
안목이 열리는 일, 지혜를 지녀야 가능합니다.

「폐사지에서의 발견 여래를 품다」 중에서

여섯 번째 이야기 슬기 / 증일아함경

하나.

부처님께서 참파국의 어느 연못가에 계실 때였다. 소나라는 수
행자는 지나칠 정도로 열심히 수행하였으나 욕심의 굴레를 벗
어나지 못하고 고민하게 되었다. 부자였던 그는 차라리 법복을
벗고 세속으로 돌아가 보시행이나 닦으려 하였다. 이러한 생각
을 아신 부처님께서는 소나에게 물으셨다.

"너는 출가 사문이 된다는 것이 너무 어려운 일이어서 세속으
로 돌아가려 하느냐?"

"그러하나이다."

"내가 너에게 물을 것이니 네 생각대로 말해보라. 너는 집에
있었을 때 거문고를 잘 탔느냐."

"그러하나이다."

"만일 거문고 줄을 너무 죄면 그 소리가 잘 나더냐?"

"아닙니다. 세존이시여!"

"그렇다고 거문고 줄을 완전히 늦추어 놓으면 소리가 잘 나더
냐?"

"그렇지 않나이다."

"거문고 줄을 너무 죄지도 너무 늦추지도 않으면 어떻더냐?"

"소리를 잘 낼 수 있나이다."

"공부하는 것도 그와 같으니라. 너무 지나쳐도 안 되고 그렇다고 게을러도 안 되나니 삿된 소견에 떨어지기 때문이니라. 중도를 지키는 것이 으뜸이니 중도를 지켜나가면 머지 않아 번뇌를 끊는 사람이 될 수 있느니라."

부처님께서 바기수의 '검마슬담구루'라는 도시에 계실 때였다. 어느 날 부처님께서 비구들에게 말씀하셨다.

"탐욕의 쾌락에 빠지지도 말고 지극히 괴로운 고행에도 빠지지 말라. 이 두 가지를 떠나서 중도가 있느니라. **중도를 걸어야 안목도 이루고 지혜도 이루며 선정을 이루어 열반에 나아간다.**

남을 끌어들여 말하지 말고, 사람을 앞에 두고 칭찬하지 말며, 고정관념을 가지고 말하지 말고, 자기의 명확한 입장도 없이 말하지 말라. 나라의 풍속과 법을 따르고 그것을 옳다 그르다 시비하지 말라."

셋.

부처님께서 사위성 기원정사에 계실 때 한 천인이 문안드리고 여쭈었다.

"자기의 가르침도 잘 알지 못하면서 남의 가르침 익히려고 하는 것은 눈을 떴으나 잠자는 사람이라 하리니 언제 바른 법을 알 수 있으리오."

부처님께서 게송을 말씀하셨다.

"자신의 가르침에 최선을 다하는 사람은
구태여 남의 가르침에 시비하지 않나니
번뇌 다한 아라한은 악을 버리고
정법을 이루기 때문이로다."

넷.

부처님께서 사위성 기원정사에 계실 때였다. 코살라국의 파사
익왕은 '무엇이 자기를 아끼는 것이고, 무엇이 자기를 아끼지
않는 것인가'를 생각하다가 부처님을 찾아뵙고 여쭈었다.

부처님께서는 파사익왕에게 말씀하셨다.

"만약 몸으로 악행을 하고 입으로 나쁜 말을 하며 마음속에 나
쁜 생각을 품으면 이는 자기를 아끼지 않는 것이니, 설사 자기
를 사랑한다고 말하더라도 사실은 자기를 아끼고 사랑하는 것
이 아니요, 선행을 하고 착한 말을 하며 좋은 생각을 품는 것이
야말로 진실로 자기를 아끼고 사랑하는 것이오."

부처님께서 계속하여 게송으로 말씀하셨다.

"자기를 생각하는 사람이라면

나쁜 짓을 하지 말라.

나쁜 짓을 멀리하고 선행을 쌓으면

그 마음 항상 편안하리라.

진실로 자기를 사랑하는 사람이라면

스스로 자기 지키기를 나라를 잘 다스리는
임금이 국경을 잘 지키듯 하여야 하느니라."

다섯.

세상 사람들이 끊기 어려운 집착을 끊고
타는 듯한 욕망을 이겨낸 사람은
생사의 흐름에 휘말리지 않고
생사의 굴레에도 얽매이지 않는다.
그는 슬퍼하지도 않고
턱없이 탐내지도 않는다.

여섯.

부처님께서 사위성 기원정사에 계실 때였다. 어느 날 보루저라
는 외도가 부처님께 문안드리고 여쭈었다.

"고타마시여, 지난 어느 날 많은 사문들과 외도 바라문들이 모
여 고타마의 지혜는 마치 빈 집과 같고, 눈 먼 소가 밭 기슭만
다니고 밭 가운데는 들어가지 않는 것과 같다고 하였나이다.
그것은 앞뒤를 종잡을 수 없기 때문입니다."

"그대들이 말하는 것은 우리의 가르침에서 볼 때 어린애 장난
과 같으니라. 나이 팔구십 된 늙은이가 흙으로 코끼리나 말을
만들면 늙은 어린애라고 말하는 것과 같으니라. 그대들의 말에
는 비구의 방편에 맞는 것이 없느니라."

"어떤 것이 비구의 방편에 알맞은 것입니까?"

**"청정하지 않은 것을 청정하게 하는 것, 길들여지지 않은 것을
길들이는 것, 고요하지 않은 것을 고요하게 하는 것, 해탈하지
못한 것을 해탈하게 하는 것, 끊지 못한 것을 끊게 하는 것, 알지
못한 것을 알게 하는 것, 닦지 못한 것을 닦게 하는 것, 얻지 못**

한 것을 얻게 하는 것을 비구의 방편에 알맞다고 말하느니라."

일곱.

부처님께서 사위성 기원정사에 계실 때 제자들에게 말씀하셨다.

"현명한 사람이 탈 만한 네 종류의 말이 있다. **우선 채찍을 드는 그림자만 보아도 마부의 뜻을 아는 말이니. 그와 같은 사람은 딴 마을의 사람이 병들어 죽게 되었다는 소문만 듣고서도 악행을 버리고 도를 닦는 사람이요,** 또 어떤 말은 채찍이 털에 닿기만 해도 마부의 뜻을 아니, **이와 같은 사람은 자기 마을에서 어떤 사람이 중병을 얻어 죽는 것을 보고 곧 도를 닦는 사람이요,** 어떤 말은 채찍이 몸에 닿으면 마부의 뜻을 아는 말이니, 이와 같은 사람은 자기 친족이 병들어 죽는 것을 보고서 도를 닦는 사람이며, 어떤 말은 채찍을 호되게 얻어맞아야 마부의 뜻을 아는 말이니. **이런 사람은 자기를 가까이 보좌하는 사람이 병들어 죽는 것을 보고 비로소 도를 닦으려는 사람이다.**"

어덟.

부처님께서 사위성의 동쪽 녹자모 강당에 계실 때였다. 수학자
였던 목건련에게 말씀하셨다.

"열반은 현존하고 열반에 이르는 길 또한 있으며, 나 또한 그
**길을 알려주는 조언자로서 있는 것이다. 그러나 내가 가르친 제
자들 가운데에는 열반에 도달할 수 있는 사람도 있고 도달하지
못하는 사람도 있느니라.** 나 여래는 오직 길을 가리킬 뿐이니,
그 길을 따라 가고 가지 않는 것을 내가 어찌하겠는가?"

아홉.

부처님께서 마가다국 왕사성 죽림정사에 계실 때였다. 어느 날 아들인 라후라에게 말씀하셨다.

"수행자로서 어떻게 알고 살펴야 자신과 세계에 대하여 '나'와 '내 것'이란 소견과 거만심에서 벗어날 수 있겠느냐?"

"세존께서는 법의 주인이시고, 중생의 길잡이이시며, 보호자이십니다. 세존께서 말씀해 주시면 받들어 실천하겠나이다."

부처님께서 라후라에게 말씀하셨다.

"육신을 '나'라고 할 수 없다. 그렇다고 '나'가 아니라고 말할 수도 없다. 이렇게 살필 수 있으면 자기 소견의 굴레에서 벗어날 수 있고 거만한 마음에서 뛰어 넘을 수 있느니라. 이것이 수행자가 애욕을 끊고 번뇌를 벗어나는 길이라 한다."

일.

부처님께서 마가다국의 왕사성 죽림정사에 계실 때였다. 어느 날 외도^{外道} 선니가 부처님께 문안드리고 여쭈었다.

"푸라나, 고사라, 산자야, 파쿠다, 아지타, 니건타 등과 사문, 바라문이 모여 서로 이치를 말했습니다. 그들은 죽음에 도달했을 때 후생에 어디에 태어날 지를 하나도 예언하지 못했습니다. 그런데 어떤 사람이 사문 고타마께서는 사람이 죽으면 어디에 가서 태어난다고 예언을 하신다는 말을 했습니다만 저는 믿어지지 않습니다. 고타마께서는 어떻게 그런 법을 얻었나이까?"

부처님께서는 선니에게 말씀하셨다.

"선니야, 어리석음이 있기 때문에 의심이 생기는 것이니 의심을 하지 말라. 이 세상에는 세 가지 스승이 있다. 어떤 사람은 현재만을 보고 이것이 '나' 라고 하여 자기가 아는 대로 말하지만 목숨을 마친 다음의 일을 알지 못한다. 어떤 사람은 현세에서 이것이 '나' 라고 보고 목숨을 마친 뒤에도 또한 이것이

'나'라고 보아 제가 아는 대로 말한다. 어떤 스승은 현재에서
도 이것이 진실로 '나'라고 보지 않고 목숨을 마친 뒤에도 진
실로 이것이 '나'라고 보지 않는다. 현재만을 보고 이것이
'나'라고 말하는 사람은 단견이라 하고 현재에서나 후세에
서나 이것이 진실로 '나'라 말하는 사람은 상견이라 한다.
그러나 현재에서나 후세에서나 이것이 진실로 '나'라고 보지
않는 것은 부처의 말이다. 그리고 현재에서 애욕을 끊고 욕심
을 떠나 모든 번뇌를 벗어나 열반을 얻느니라."
"세존이시여, 말씀을 들으니 더욱 의심이 납니다."
"마땅히 의심을 더 해야 할 것이다. 왜냐하면 이것은 매우 깊
은 이치이기 때문에 보기도 어렵고 알기도 어려워 깊이 관찰해
야만 비로소 도달할 수 있느니라. 그것은 슬기로운 사람이라야
알 수 있고 범부중생들은 분별해 알 수 없기 때문이다. 왜냐하
면 중생들은 윤회하는 긴 세월 동안에 잘못 보았고 잘못 참았
으며 잘못 찾았고 잘못 원했었기 때문이다."

부처님께서는 '나'라고 생각하는 오온에 대하여 낱낱이 공함을 설명하시고 선니에게 말씀하셨다.

"나의 제자들도 때로 내 말을 듣고도 그 뜻을 다 이해하지 못하여 '나'가 있다는 아만심을 끊임없이 일으킨다. 그렇듯 **아만심을 끊지 못하기 때문에 이 육신을 버리고서도 다른 몸을 받게 된다.** 그래서 나는 나의 제자들이 목숨을 마친 뒤에는 이러이러한 곳에 태어나리라고 말하게 된다. 왜냐하면 그들에게는 아만심이 있기 때문이다. 그러나 나의 가르침을 듣고 그 뜻을 올바르게 이해하고 아만심을 일으키지 않으면 목숨이 다한 뒤에 다시는 계속하여 윤회하지 않는다. 그래서 나는 그러한 제자들이 목숨을 마친 뒤에 다시 태어난다 말하지 않는다. 왜냐하면 예언할 만한 인연이 없기 때문이다. 만일 내가 그들에게 예언해야 한다면 그들은 **애욕과 모든 번뇌를 끊었기 때문에 해탈하여 고통을 완전히 벗어나리라고 말할 것이다.**"

얼 하나.

부처님께서 사위성 기원정사에 계실 때였다. 부처님 제자 가전 연존자는 여러 비구들과 바라나 마을의 오니연못 근처에 있었 다. 어느 날 많은 비구들과 함께 옷 문제로 식당에 모여 있었다. 이때 늙은 바라문이 지팡이를 짚고 서서 비구들에게 말했다.

"그대들은 어찌하여 늙은 사람을 보고 인사도 하지 않고 못 본 체하고 앉으라고 말하지도 않는가?"

비구들의 가운데 앉아있던 가전연 존자가 말했다.

"우리들의 가르침에는 노인이 오면 서로 인사하고 공경하고 예배하며 자리를 양보하느니라."

"내가 보니 여기 있는 비구들 가운데 나보다 늙은이가 없는데 도 그렇게 하지 않는다. 그런데 어떻게 그리 말할 수 있는가?"

"바라문이여, 나이가 80이나 90이 되어 늙어서 머리는 희고 이 는 빠졌더라도 젊은이의 법을 가졌으면 그는 늙은 노인이 아니 니, 나이 비록 25살이 되어 젊었을지라도 노인의 법을 성취하 였으면 그는 늙은 노인 축에 들어가느니라."

"어떤 것을 늙었으나 젊은이라 하고 어떤 것을 젊었으나 노인 축에 든다고 말하는가."

"눈으로 보고, 귀로 들으며, 코로는 냄새 맡고, 혀는 맛을 느끼며, 몸은 촉감을 느끼므로 좋고 나쁜 것을 분별하여 애착한다. 이러한 다섯 가지에 매달려 구속을 받으면 나이 들어 늙었으나 젊은이이고, 구속을 받지 않고 자유로우면 비록 나이 젊으나 노인 축에 든다고 한다."

이때 바라문은 스스로 말했다.

"존자가 말한 이치대로 한다면 내 나이 늙었지만 아직 젊은이고 당신들은 비록 나이 젊었지만 노인 축에 속하는 이들이오."

일 둘.

부처님께서 사위성 기원정사에 계실 때 비구들에게 말씀하셨다.

옛날에 코살라국에 500명의 상인들이 500대의 수레를 몰고 먼 길을 나섰다. 그때 500명의 도둑들이 뒤를 따르면서 기회를 엿보고 있었다. 이를 알고 있는 천신은 내 물음에 옳게 대답하면 보호해 줄 것이요 대답하지 못하면 내버려두리라고 생각하고 상인들에게 물었다.

"누가 잠에서 깬 사람이며 어떤 사람이 눈을 떴으나 자고 있는가?"

상인 가운데 부처님의 가르침을 깊이 믿고 따르는 우바새가 있어 그 물음에 대답하였다.

"탐욕과 분노와 어리석음을 벗어나 번뇌가 다한 아라한은 바른 지혜로 마음의 해탈을 얻었나니. 그는 잠에서 깬 사람이고, 나는 눈을 떴으나 잠자는 사람이다. 괴로움이 생기는 원인을 알지 못하여 괴로움에서 벗어나는 길을 찾지 못하면 그는 언제나 잠

자는 사람이지만 나는 부처님의 가르침을 믿고 따르니 진리에
눈을 뜨고 있노라."
천신은 우바새를 칭찬하고 보호하여 화를 면하게 해주었느니
라.

열 셋.

부처님께서 사위성 기원정사에 계실 때 제자들에게 말씀하셨다.

"동요하면 악마에 결박당하고 동요하지 않으면 해탈하느니라."

한 비구가 여쭈었다.

"세존이시여, 알겠나이다."

"내가 간단히 말했는데 그 뜻을 알았느냐?"

"세존이시여, 육신 때문에 동요하면 곧 악마에게 결박당하고 만일 동요하지 않으면 악마에게서 해탈할 것입니다. 이와 같이 수상행식受想行識**이 동요할 때는 곧 악마에게 결박당하고, 만일 동요하지 않으면 악마에게서 해탈할 것입니다."**

"착하다 비구여, 너는 내 말의 뜻을 잘 알았도다."

열 넷.

부처님께서 왕사성의 죽림정사에 계실 때 제자들에게 말씀하셨다.

"어리석은 범부들은 사물을 대하면 좋다거나 나쁘다는 생각을 일으킨다. 마찬가지로 지혜로운 사람일지라도 사물을 대하면 즐거움과 괴로움을 느낀다. 그렇다면 어리석은 사람과 지혜로운 사람의 차이는 무엇이겠는가?"

"세존께서는 법의 근본이시며 법의 눈이시며 법의 의지처이십니다. 저희들을 위하여 설명해 주시옵소서."

"어리석은 사람들이 사물을 대하여 좋다거나 나쁘다고 느끼면 그것에 매달려 원망하기도 하고 애착하기도 한다. 마치 두 개의 화살을 맞으면 더욱 괴롭듯이 몸의 느낌과 마음의 느낌을 가지고 마음에 뿌리를 내린다. **그러나 지혜로운 사람은 몸이 사물을 대하여 느끼더라도 그것에 매달리거나 집착하지 않으며 마음으로도 매달리고 집착하지 않는다.** 비유하면 두 개의 독한 화살이 날아와도 두 번째의 화살은 맞지 않는 것과 같으니라. 육신의 느낌을 갖더라도 마음의 느낌은 일어나게 하지 않는다."

부처님께서 게송으로 말씀하셨다.

"지혜로운 사람이라도 괴로움과 즐거움을

느끼지 않는 것은 아니네.

오히려 어리석은 사람보다 더 많이 느낀다네.

그러나 즐거움을 만나도 함부로 하지 않고

괴로움에 부딪혀도 근심을 더하지 않으며

즐거움과 괴로움을 모두 버리어

따르지도 않고 어기지도 않느니라."

열 다섯.

부처님께서 왕사성 죽림정사에 계실 때였다. 성안의 거부장자 발제의 누이 난다는 인색하고 삿된 견해를 가지고 있었다. 난다가 어느 날 떡을 만들고 있는데 빈두로존자가 걸식하러 난다의 집에 이르렀다. 난다는 빈두로존자를 보자 욕설을 퍼부었다.

"비구야, 네 눈알이 빠지더라도 나는 끝내 너에게 보시하지 않겠다."

"빈두로는 삼매에 들어 신통력으로 두 눈을 빼냈다. 그러자 난다는 더욱 화를 내었다."

"내가 공중에 거꾸로 매달리고, 온몸에 연기가 나며, 내 앞에서 죽더라도 끝내 밥을 주지 않겠다."

빈두로존자는 난다가 말하는 대로 했고 드디어 신통력으로 죽은 듯이 보였다. 난다는 이 유명한 사문이 우리 집에서 죽는다면 관청에 끌려가 죄를 받을 것이라는 두려움이 생겨 중얼거렸다.

"이 사문이 되살아난다면 밥을 주련만…."

빈두로는 삼매에서 깨어났다. 난다는 떡을 떼어 작은 것을 주려고 했으나 떡은 커졌다. 몇 번이고 작은 것을 주려했으나 떡은 커지고 말았다.

"비구여, 먹고 싶으면 먹을 것이지 왜 이렇게 못살게 구느냐?"

"난다여, 나는 먹을 것이 필요 없다. 다만 하고 싶은 말이 있을 뿐이다."

"무슨 부탁이 있는가?"

"늙은 난다여, 이 떡을 가지고 부처님께 가서 어떤 분부가 있으시면 그대로 행하자."

빈두로는 난다와 함께 부처님께 나아가 그간의 말씀을 드렸다. 부처님께서 난다에게 말씀하셨다.

"너는 그 떡을 가지고 나와 비구스님에게 돌려라."

많은 스님에게 떡을 돌렸으나 떡은 남아 있었다. 두 번이나 떡을 돌렸지만 여전히 남아있었다.

"이제 그 떡을 비구니, 우바새, 우바이에게 주라."

"이 떡을 갖다 저 가난한 사람들에게 나누어 주라."

그래도 떡이 남아있자 부처님께서는 말씀하셨다.

"너는 이 남은 떡을 깨끗한 땅이나 물에 버려라. 깨달은 부처가 아니면 어떤 사문이나 바라문 천상인들이라도 그것을 소화할 수 있는 이가 없기 때문이니라."

난다는 남은 떡을 깨끗한 물에 버렸다. 그러자 곧 불길이 솟았다. 놀란 난다는 부처님께 귀의하고 법을 듣게 되었다. 이 말을 전해들은 아사세왕은 성안 사람들에게 영을 내렸다.

"지금부터 부처님을 섬기는 집으로부터 세금을 받지 말고, 그 사람이 오고 갈 때 마중하고 배웅하라. 그들은 진리 안에서 나온 형제이기 때문이니라."

열 여섯.

부처님께서 사위성 기원정사에 계실 때였다. 어느 날 제자들에게 말씀하셨다.

"자기의 감각기관을 잘 다스려 보호하지 못하면 뒷날에 반드시 괴로움을 당하게 될 것이다. 감각기관은 눈, 귀, 코, 혀, 몸뚱이 마음이니라. 어리석은 범부는 사물을 보면 그 겉모양에 집착하여 좋고 나쁨을 쫓아다니느라 율의답지 못한 행동을 하게 되고, 세상의 탐욕에 빠져 착하지 않은 악행에 얽매이며 그 마음은 번뇌 망상에 떨어지느니라."

부처님께서는 계속하여 게송으로 말씀하셨다.

"감각기관이 율의 아닌 것에 매달리면

뒷날에 괴로움을 받으리니

바른 믿음으로 마음을 흔들리지 않게 하여

번뇌 망상에 빠지지 말라.

눈으로 사물을 보면

마음에 맞는 것과 맞지 않는 것 있으리니

마음에 맞는다고 욕심내지 말고
마음에 맞지 않는다고 미워하지 말라.
이렇게 여섯 기관을 잘 거두어 세상일에 흔들리지 않으면
모든 번뇌 망상을 항복받고 생사윤회의 흐름을 건너리라."

열 일곱.

부처님께서 사위성 기원정사에 계실 때 말씀하셨다.

"진실로 아무 것도 갖지 않은 사람은 행복하다. 지혜로운 사람은 무엇이든 자기 것으로 생각하지 않는다. 자 보라, 많이 가지고 있는 사람이 여기저기에 얽매여 그 얼마나 괴로움을 당하고 있는지를."

열 여덟.

부처님께서 사위성 기원정사에 계실 때 한 천인이 문안드리고
여쭈었다.

"어떠한 수행을 닦아야 하고

어떤 위의威儀를 갖추며

어떠한 공덕을 지녀야 하고

어떠한 업을 지어야 하며

어떠한 법을 갖추어야만 천상에 태어나게 되나이까?"

부처님께서 게송으로 말씀하셨다.

"천상에 태어나고자 하면 먼저 살생을 끊고

금계禁戒를 잘 지켜 모든 감관을 잘 다스리며

모든 살아있는 생명을 해치지 말라.

남의 재물을 훔치지 않고 남들이 베풀면 기쁨으로 받아서

도적질할 마음을 끊으면 천상에 태어나리.

남의 아녀자와 간음하지 말고 자기 아내에게 만족하라.

자기를 이익되게 하고 남들에게도 이롭게 하며

거짓 없이 진실만을 말하고,

이간질을 멀리 하여 남들을 싸움 붙이지 않으며

서로 등지고 있는 사이를

화합시키는 인연으로 천상에 태어나리라.

남을 모함하여 괴롭히는 추하고 험악한 말 하지 않고

자비로운 말을 하여 듣는 사람마다 기쁘게 하며

아무런 이득 없는 허풍을 떨지 않고 때에 적절한 말만을 하라.

남의 재물에 탐욕심을 일으키지 말고

자비로 생명을 해치지 않으며

미움이나 증오심을 품지 않으면 천상에 태어나리라.

업과 그 과보를 믿으며 믿음으로 보시행을 닦으면서

바른 소견에서 물러나지 않으면 반드시 천상에 태어나리라."

열 아홉.

부처님께서 마가다국의 나라촌에 사리불존자와 함께 사셨다. 어느 날 사리불의 옛 친구로서 지금은 외도인 잠부카다카가 사리불에게 물었다.

"무명^{無明}이라는 것은 무엇을 말하는가?"

사리불이 말했다.

"무명이란 지나간 과거에 대하여 바르게 알지 못하고

미래에 대하여 바르게 알지 못하며

현재에 대하여 바르게 알지 못하고

부처님과 그 가르침, 그리고 승가에 대하여도 바르게 알지 못하며,

사성제^{四聖諦}에 대한 바른 이해가 없고,

선^善과 불선^{不善}, 무기^{無記}에 대한 이해 또한 없으며, 안^內과 밖^外에 대하여 바른 이해가 없는 것을 무명이라 말하느니라."

스물.

부처님께서 사위성 기원정사에 계실 때 어느 날 천인이 부처님께 문안드리고 여쭈었다.

"비구는 한적하고 조용한 곳에서 고요히 범행을 닦고 하루에 한 끼니만 먹거늘 무슨 까닭으로 그 얼굴이 그리 환한가?"

부처님께서 게송으로 말씀하셨다.

"지나간 일에 대해 근심치 않고

미래에 대해 매달리지 않는다.

현재에 얻어야 할 것만을 따라

바른 지혜로 최선을 다해 다른 생각하지 않는다.

미래를 향해 생각을 치달리게 하고 과거를 돌아보아

근심, 걱정하는 것은

마치 우박이 초목을 때리는 듯

어리석음의 불로 스스로 태우는 것이니라."

스물 하나.

부처님께서 왕사성 죽림정사에 계실 때 시바카라는 외도가 부처님께 문안드리고 여쭈었다.

"고타마시여, 무엇을 배움이라 하나이까?"

"배워야 할 것을 배우기 때문에 배운다고 말하느니라."

"어떤 것을 배워야 하나이까?"

"때를 따라 완성된 계율을 배우고 높은 뜻을 배우며 완성된 지혜를 배워야 하느니라."

"만약 아라한 비구로서 번뇌의 짐을 벗어 자신의 이익을 얻고 윤회의 굴레를 벗어 지혜를 잘 해탈하였으면 무엇을 또 배워야 합니까?"

"그러한 아라한 비구는 탐욕과 성냄과 어리석음을 밝게 알아 남김없이 다 없앤다. 그리고 다시는 악행을 짓지 않고 온갖 선행을 쌓는다."

스물 둘.

부처님께서 파파성의 암바라 동산에 계실 때 사리불에게 법을 설하게 하셨다.

"수행자에게 네 가지 법이 있다. 받아야 할 것을 받을 줄 알고, 행해야 할 것을 행할 줄 알며, 좋아해야 할 것을 좋아할 줄 알며, 버려야 할 것을 버릴 줄 아는 것이다. 이것이 네 가지 알아야 할 것이니라. 다시 네 가지 위의威儀가 있다. 가야 할 때 갈 줄 알고, 서야 할 때 설 줄 알며, 앉아야 할 때 앉을 줄 알며, 누워야 할 때 누울 줄 아는 것이니라."

스물 셋.

부처님께서 사위성 기원정사에 계실 때 한 천자가 와서 문안드리고 여쭈었다.

"어떤 법이 일어나면 공덕이 무너지고
무엇이 막을 때 공덕이 생기지 않나이까?
두려움은 어떻게 버려야 하며
어떻게 해야 법에 즐거울 수 있나이까?"

부처님께서 게송으로 말씀하셨다.

"화를 내면 공덕은 무너지고
탐욕이 생기면 공덕을 막아버리네
무명(無明)을 버리면 두려움이 사라지고
열반(涅)을 증득해야 최상의 즐거움이로다.
분노와 탐욕을 놓아버려
모든 번뇌의 굴레를 벗어나
물질적인 것과 관념적인 것에 집착하지 않고
모든 법이 텅빈 것(空)을 눈떠야 하네.

애욕은 나고 죽음이 근원이고

모든 고통을 불러오나니

애욕을 끊으면 해탈을 얻고 고통으로부터 자유로우리라.

어리석고 지혜 없는 사람들은 게을러서

고통의 뿌리를 살피지 않나니

고통의 바다에 빠져 한없이 방황하고 구속받으리.

지혜로운 사람들은 어지러운 마음을 거두어들여

온갖 애욕에 매달리지 않아야 하리.

게을러서 수행에 힘쓰지 않으면

진리의 기쁨을 무너뜨리고 말리라.

부자가 보물 창고를 잘 지키듯 마땅히 생각을 거두어 들여

애욕에 매달리고 물들지 않게 해야 할 것이니라.”

스물 넷.

부처님께서 사위성 기원정사에 계실 때였다. 어느 날 부처님께서 제자들에게 말씀하셨다.

"눈이 사물을 보되 바르게 보지 않으면 눈이 보이는 것에 집착하게 된다. **눈이 보이는 것에 집착하면 괴로움을 받게 되고 나아가 마음이 하나로 모아지지 않고 흔들리게 되어 사실대로 보지 못하게 된다.** 사실대로 보지 못할 때 의혹을 벗어나지 못하고 오해를 낳게 되어 잘못을 저질러 언제나 고통을 불러오게 되느니라. 귀와 혀에서도 마찬가지니라. **그러므로 보고 듣는 것에 집착하고 매달리지 않아야 해탈할 수 있느니라.**"

스물 다섯.

부처님께서 사위성 기원정사에 계실 때였다. 어느 날 제자들에게 말씀하셨다.

"세상에는 네 가지 힘이 있느니라. 깨달음의 힘, 정진의 힘, 죄 없음으로 생기는 힘 그리고 거두어들이는 힘이니라. 착함과 악함을 사실대로 알고, 죄 있음과 죄 없음을 사실대로 알며, 친할 것과 친하지 않아야 할 것을 바르게 알고, 비열한 가르침과 훌륭한 가르침을 사실대로 알며, 순수한 것과 순수하지 못한 것을 알고, 분별과 무분별을 알며, 인연으로 일어나는 법과 인연으로 일어나지 않는 법을 사실대로 아는 것을 깨달음의 힘이라 하느니라. 또한 몸과 입과 뜻에 죄가 없음으로 하여 생기는 힘을 죄 없음의 힘이라 하느니라. **은혜로 베푸는 일, 부드럽고 고운 말, 남을 이롭게 하는 행동, 그리고 이익을 함께 나누는 일들을 거두어들이는 힘이라 하느니라."**

여섯 번째 이야기 슬기 / 불반니원경

스물 여섯.

부처님께서 비구들에게 말씀하셨다.

"내가 세상에 있어 비구들의 스승이 되었나니 비구들은 내가
말한 계율과 가르침을 받들어 지니며, 스승의 은혜를 소홀히
여기지 말고 가르침을 잘 지켜야 법이 오래 유지 될 것이니라.
세상의 복잡한 일에 간섭하지 말고, 법을 항상 생각하며 나쁜
마음 삿된 마음을 따르지 말라, 삿된 마음이 일어나면 스스로
경계하여 그것을 따르지 말 것이며, 마음을 늘 단정하게 해야
하느니라. 세상 사람들이 쉽게 속아 넘어가더라도 비구들은 이
세상의 모든 어리석은 사람처럼 마음에 속임을 당하지 않아야
한다."

슬기 Wisdom

191

스물 일곱.

부처님께서 사위성 기원정사에 계실 때 어느 날 파사익왕이 문안드리고 여쭈었다.

"세존이시여, 어떻게 하는 것이 진실로 자기를 사랑함이며, 어떻게 하는 것이 자신을 사랑하지 않는 것입니까?"

부처님께서 말씀하셨다.

"스스로 착한 행동하는 것이 진실로 자기를 보호하는 것이요, 스스로 악행하는 것 자기를 내던지는 것이로다. 강력한 군대를 품어 자신을 에워싼다 하더라도 그것은 진실로 자신을 보호하는 것이라 말할 수 없나니, 스스로 자기 마음을 보호하는 것이 아니기 때문이로다. 안으로 자신을 보호하는 것이 밖에서 자기를 보호하는 것보다 진실로 자기를 보호하는 길이로다."

부처님께서 게송으로 말씀하셨다.

"스스로 자신을 사랑하거든

몸과 입과 뜻을 잘 보호하여

착한 법을 닦아 행하고

항상 부끄러움을 알아야 하리.
삼업 을 보호하지 않는 이는
삿되고 악한 법에 싸여 악마에 순종하게 되나니
스스로 자신을 해치는 일이로다.
진실로 자신을 사랑하려는 사람
선정과 지혜를 닦으며
부처님 가르침 언제나 생각해야 하리라."

스물 여덟.

부처님께서 사위성 기원정사에 계실 때였다. 어느 날 많은 비구들에게 말씀하셨다.

"나는 세상과 다투지 않는데 세상이 나와 다투려 하는구나! 만일 법답게 말하는 사람이라면 세상과 다투지 않기 때문이다.

세상의 지혜로운 사람이 그렇다고 말하면 나 또한 그렇다고 말한다. 세상의 지혜로운 사람이 그렇지 않다고 말하면 나 또한 그렇지 않다고 말한다. 비구들이여! 세간에는 세간법이 있으니 나는 그것을 스스로 알고 스스로 깨달아 사람들을 위해 분별하고 연설하여 나타내어 보이지만 세간의 눈먼 장님들은 그것을 알지도 못하고 보지도 못하니 그것은 나의 허물이 아니니라."

스물 아홉.

삶에는 반드시 죽음 있나니,
사생으로
태어난 모든 목숨은
마침내 죽음으로 돌아간다.
임금으로 태어나 천하를 호령해도
죽음을 물리칠 수는 없는 노릇이다.
깨달은 부처에게도 죽음은 있으나
죽음의 두려움은 없노라.

서른.

부처님께서 사위성 기원정사에 계실 때 반사라는 천인이 문
안드리고 게송으로 여쭈었다.

"세속에 살면 온갖 세상일에 얽매이지만
출가하면 굴레 없어 자유롭나이다.
성자께서는 오로지 세상일 버리시고
선정에만 힘써 크게 깨달으시고
큰 지혜 드러냈나이다."
부처님께서 게송으로 말씀하셨다.
"비록 세속에 있어 갖가지 세상일에 힘쓰더라도
법을 얻을 수 있는 길은 열려있나니
바르게 생각하는 힘을 갖춘 사람이라면
그 마음을 하나로 통일할 수 있나니
오직 지혜가 밝은 사람이라야
하루속히 열반의 고요함을 증득하리라."

서른 하나.

세상에 온들 오는 길을 알지 못하고
떠나간들 떠나는 길 알지 못하거늘
그 어디서 오고 가는 중생들을
'내 아들이라' 하여 슬퍼 눈물 흘리는가!
설사 오는 길을 알지 못하고
그 떠나는 길을 알지 못한다 해도
그 때문에 괴로워하고 슬퍼하지 말라.
그것이 바로 인생의 과정이니라.
찾지 않았는데 그는 왔고
허락하지 않았으나 그는 여기서 떠난다.
그는 어디에선가 이곳으로 왔다가
잠깐 머물다가 떠나지 않는가?
여기서는 다른 중생이 되어가고
저기서는 또 다른 중생이 되어오니
오고가는 사람마다 그 모양을 바꾸어 오고가고

가는 듯이 온다면 그 무엇을 슬퍼하랴!
아! 내 가슴속에 숨겨진 화살은 사라지고
깃들었던 슬픔의 화살을 뽑아내니
아들의 죽음 때문에 괴로웠던 모든 슬픔이
멍든 내 가슴에서 멀리 사라지네.
모든 슬픔과 고통을 멀리 벗어나
내 가슴은 기쁨과 환희로 가득하나니
거룩하신 부처님과 법과 스님들께 귀의하여
마음의 평온을 얻었기 때문일세.

서른 둘.

부처님께서 사위성 기원정사에 계실 때 비구들에게 말씀하셨다.

"과거에 매달리지 말라. 미래를 원하지도 말라

과거는 이미 사라졌고, 미래는 아직 오지 않았느니라.

꿈은 여기 현재의 일에서 가져야 할 것이니

이루고자 하는 뜻에 확고부동하여 흔들림없이

자신의 능력을 계발하여야 하리.

오로지 오늘 해야 할 일에 최선을 다해 땀 흘려 노력하라.

그 누구인들 내일 죽음이 있음을 알겠는가?

삶에서 염라대왕과의 계약이란 없는 것

오직 밤낮으로 끊임없이 노력하라.

이렇게 사는 사람에겐 영광이 있고

현자의 칭찬이 따르리라.

서른 셋.

부처님께서 구시나가라의 사라동산에 이르러 아난에게 말씀
하셨다. "너는 사라나무 사이에 가서 자리를 펴되 머리를 북쪽
으로 두게 하라."

부처님의 분부대로 자리를 펴고 난 후 아난존자는 부처님께 여
쭈었다. "무슨 까닭으로 머리를 북쪽으로 두게 하라 하셨나이
까?"

"내가 열반에 든 뒤에 불법은 북천축에서 번성할 것이니라."

이때 부처님께서는 세 가지 옷을 정하셨다. 그것을 들은 아난
은 여쭈었다. "무슨 까닭으로 세 가지 옷을 정하시나이까?"

"내가 세 가지 옷을 정하는 것은 미래세의 시주하는 사람들에
게 복을 받게 하기 위해서이니라."

부처님께서는 입으로 오색광명을 내시어 사방을 비추셨다.

"무슨 까닭으로 오색광명을 입으로 내시나이까?"

"내가 도를 이루기 전에 오랫동안 지옥에서 뜨거운 쇠구슬을
먹었고, 혹은 풀이나 나무를 먹기도 하였다. 혹은 노새나 나귀

등 축생이 되기도 했고, 아귀가 되기도 했고, 천상에서 복을 누리기도 했었다. 그러나 나는 이제 도를 이루어 부처가 되었다. 그래서 입으로 광명을 내는 것이니라."

이번에는 전보다 더 휘황찬란한 광명을 내셨다. 아난이 그 이유를 여쭈었다.

"내가 생각해보니 과거의 부처님들이 열반에 드신 뒤에 그 법이 오래 세상에 머물지 못했다. 그래서 내가 열반에 든 뒤에 어떻게 하면 오래도록 머물게 할 수 있을까 생각하였다. 즉 '**내 몸은 금강과 같은 몸이다. 내 몸을 겨자씨만하게 잘게 부수어서라도 세상에 널리 펴, 미래세에 내 모습을 보지 못했던 사람들을 공양케 하여 즐거이 믿는 마음을 내게 해야겠다. 그 복으로 좋은 가문이나 천상에 태어나게 하고, 또는 아라한이나 벽지불의 도를 이루거나 부처의 도를 이루기도 할 것이다.**' 이렇게 생각하여 광명을 낸 것이니라."

서른 넷.

부처님께서 마구산에 계실 때였다. 그때 부처님을 모시고 있던 라다라는 제자가 여쭈었다.

"세존이시여, 중생이란 어떤 것을 말합니까?"

"육신에 집착하고 얽매이는 것을 중생이라 한다. 또한 보고 듣는 느낌(愛), 생각(想), 의지(行), 의식(識)에 집착하고 얽매이는 것을 중생이라 부르느니라. 라다라여, 육신에 집착하고 얽매이는 것을 벗어나야 한다. 또한 보고 듣는 느낌과 자기 생각, 의지와 의식과 얽매임에서도 벗어나야 한다. 그러한 애착을 끊어버려야 괴로움에서 벗어나게 된다. 비유하면 어린애가 흙을 모아 성을 쌓고 집착하여 '이것은 내 성이다'라고 애착하다가 성이 무너지면 발로 헤쳐버리고 마는 것처럼 자기 육신과 자기 생각의 굴레를 벗어나야 자기로부터 자유로울 수 있느니라."

서른 다섯.

비록 백만의 적을 물리친다 하더라도
홀로 자기를 눌러 이기는 것만 못하나니
자신을 이긴 자가 최후의 승리자다.
먼저 자신을 바르게 하고
다음에 남들을 가르쳐라.
먼저 자신을 옳게 할 때 비로소 훌륭한 사람이니라.
자기의 마음을 스승으로 삼을지니
남을 자신의 참 스승으로 삼지 말라.
자기를 스승으로 삼는 사람이라야
진실로 지혜로운 법을 얻으리.

서른 여섯.

부처님께서 왕사성 죽림정사에 계실 때였다. 어느 날 비구들이 식당에 모여 서로 전생의 업에 대하여 말하고 있었다.

부처님께서는 천이(天耳)로서 비구들이 하는 이야기를 들으시고 식당으로 가시어 물으셨다.

"너희들은 무슨 이야기를 하고 있었느냐?"

비구들이 서로 이야기한 것을 말씀드리자 부처님께서 말씀하셨다.

"너희 비구들아, 전생에 관한 일들을 말하지 말라. 그러한 말들은 이치에 도움도 되지 않고 법에 보탬도 되지 않으며 지혜로운 일도 아니고 바른 깨달음도 아니어서 열반으로 향하는 데 아무런 이익도 없느니라."

서른 일곱.

부처님께서 사위성 기원정사에 계실 때 한 천인이 문안드리고
여쭈었다.

"아름다운 천녀가 좌우를 둘러싸고 흡혈귀가 앞뒤로 가득하여
어리석음의 어둠이 겹겹이 쌓인 곳을 그대는 어찌 통과하겠는
가?"

부처님께서 게송으로 말씀하셨다.

"정직한 것을 도라 하고,

두려움 없는 것을 방편이라 하고,

소리 없음을 쾌락이라 하고,

잘 덮어나감을 좋은 깨달음이라 하며

부끄러움을 가슴걸이로 삼고

바른 생각을 수행 삼으며

지혜는 좋은 탈 것이요

바른 소견을 안내자로 하노니

이 세상 어느 사람이라도 이것을 타면

관념의 굴레를 벗고
물질의 얽매임을 벗어나
탐욕을 버리고 생사윤회를 끊어버리리."

그대에게 가는 길 The path to Nirvana

서른 여덟.

부처님께서 사위성 기원정사에 계실 때 제자들에게 말씀하셨다.

"어리석은 사람은 나쁜 생각을 하고 나쁜 말을 하며 나쁜 일을 한다. 이 사람은 나쁜 소문으로 괴로움을 당하고, 형벌에 대한 두려움을 갖게 되며, 죽어서 나쁜 세상에 떨어질 것을 근심한다. **지혜로운 사람은 착한 생각을 하고 착한 말을 하며 착한 일을 한다.** 이런 사람은 살아서 좋은 칭찬을 듣고 형벌에 대한 두려움을 갖지 않으며 죽어서는 좋은 세상에 태어날 것을 확신하게 되느니라."

시른 아홉.

부처님께서 왕사성 죽림정사에 계실 때 사리불 존자가 구치라
존자에게 물었다.

"어진 구치라 존자여, 무엇을 지혜라고 말하나이까?"

"괴로움의 참 모양을 알고, 그 괴로움의 근원을 알며, 그 괴로
움이 없어진 열반을 알고, 열반에 이르는 바른 길을 아는 것이
다 이것을 알기 때문에 지혜라고 한다."

"무엇을 인식이라 합니까?"

"육신을 알고 소리를 알며 냄새를 알고 맛을 알며 감촉을 알고
법을 아는 것을 인식이라 합니다."

"지혜와 인식은 하나인가? 별개인가?"

"지혜와 인식은 둘이 아니라 하나이니, 이 둘을 따로 설명할
수는 없다."

"인식한다는 것을 무엇으로 아는가?"

"인식하는 것을 지혜로서 압니다."

"지혜는 어떤 뜻이 있으며, 어떠한 훌륭함이 있고, 어떤 공덕

이 있는가?"

"지혜는 싫어하는 뜻이 없고, 욕심이 없으며, 진실을 보는 공덕
이 있습니다."

마흔.

부처님께서 사위성 기원정사에 계실 때였다. 한 젊은이가 부처
님께 인사드리고 여쭈었다.

"어떤 것이 훌륭한 선비의 재물이며, 무엇을 닦아 익히면 편안
함과 즐거움을 가져오며, 무엇이 가장 뛰어난 맛이며, 무엇이
중생의 훌륭한 목숨이라 합니까?"

부처님께서 게송으로 말씀하셨다.

"깨끗한 믿음으로 즐거워하는 마음이

선비의 귀중한 재물이며

정법을 닦아 익히면

편안함과 즐거움을 불러오나니

진리의 미묘한 말씀이

이 세상에 제일 좋은 맛이며

성인이 가진 지혜의 목숨이

목숨 가운데 제일이니라."

마흔 하나.

부처님께서 코삼비국의 구사라 동산에 계실 때였다. 그 지방의
비구들은 서로 의견을 달리하여 다투길 잘했다. 그래서 어느
날 부처님께서는 제자들에게 말씀하셨다.

"혼자 살면서 악을 짓지 말라.

마치 코끼리가 홀로 들판을 거니는 것처럼

혼자 살면서 착한 일 할지언정

악한 사람과 무리 지어 모이지 말라.

배울 때 좋은 벗을 얻지 못하고

자기와 같은 사람도 함께 하지 못하겠거든

차라리 마음을 굳게 하여 혼자 살지언정

악한 사람과는 함께 모이지 말라."

마흔 둘.

부처님께서 사위성 기원정사에 계실 때 한 천자가 부처님께 문
안드리고 여쭈었다.

"세존이시여, 타락의 길에 떨어지는 것을 어찌 알 수 있나이
까?"

부처님께서 게송으로 말씀하셨다.

"이기는 길도 알기 쉽지만 타락하는 길도 알기 쉽나니

법을 좋아하는 것은 이기는 길이요

법을 헐뜯는 것은 타락의 길이다.

나쁜 친구 가까이하고 좋은 친구 꺼려하며

선한 사람과 원한 맺는 것 그것은 타락의 길이니라.

말이나 저울을 속이며 장기와 바둑을 일삼으며

술에 취해 방탕하며 여자에 빠져

재물을 함부로 허비하는 것

그것은 타락의 길에 들어서는 것이다.

여자로서 스스로 지키지 않고

남편을 두고 남을 따라가거나

남자로서 마음이 방탕하여

아내를 버리고 외도하는 것은 타락의 길이니라.

늙은 여자 젊은 남자를 얻어

항상 질투를 품어 누워도 편치 못한 것이나

늙은 사내가 젊은 여자를 얻는 것

그 또한 타락하는 길이니라.

재물은 적고 탐욕이 많아 크사트리아의 집안에 태어나

왕 되기를 항상 바라는 사람도 타락하는 사람이니라.

남에게 후한 대접을 받으면서 자기는 스스로 재물 아껴

남의 것을 먹고도 갚지 않는 것도

타락의 길에 들어섬이다.

사문이나 바라문이 자기 집을 찾아와 걸식할 때에

인색하여 보시하지 않고

꾸짖으며 멀리 내쫓는 것도

타락의 길에 들어서는 것이니라.

부모나 나이 많은 사람을 제 때에 받들어 섬기지 않고

부모와 형제들을 때리고 욕설하며

예절이 없는 것도 타락하는 길이니라.

부처나 수행자를 헐뜯고 비방하며 공경하지 않는 것

그 또한 타락의 길이다.

진실로 아라한이 아니면서

스스로 아라한이라 자랑하는 것

자기를 속이고 남들을 속이나니

이는 곧 온 세상의 적으로서

타락의 길에 들어서는 것이니라.

지혜로운 사람은 그것이 험하고 두려운 길임을 알아

멀리 피할 수 있어야 하느니라."

업보
KARMA

부처의 길을 따라 가는 것을 진여문이라 하며
중생의 길을 따라 가는 것을 생멸문이라 합니다.

「폐사지에서의 발견 여래를 품다」 중에서

하나.

부처님께서 사위성 기원정사에 계실 때 성안에 수비구가 있었다. 그는 석가족 출신이었으나 아직 욕심이 많았다.

그러던 어느 날 그가 죽었다. 그의 죽음을 알게 된 제자들이 부처님께 여쭈었다.

"수비구는 죽어서 어디에 태어났나이까?"

"수비구는 탐욕과 성냄과 어리석음을 행하였으니 목숨을 마치고 반드시 고통스런 지옥에 태어날 것이다. 이는 세 가지 악한 법이 마음을 결박하기 때문이니라. **탐욕과 성냄의 어리석음은 사람의 마음을 얽어매나니 그것은 자기 마음속에서 생겨 스스로 자기를 해치는 것!** 마치 갈대가 열매를 맺으면 제 몸을 죽이는 것 같으니라. **탐욕과 성냄과 어리석음의 마음 없으면 지혜라 일컫나니 지혜는 자기 마음속에서 일어나지만 자기를 해치지 않으며 그런 사람을 훌륭한 사내라고 부르느니라. 탐욕과 성냄과 어리석음을 멀리 떠나라. 지혜로운 사람은 그것을 버려고 고통을 벗어나 열반을 얻으리.**"

둘.

부처님께서 사위성 기원정사에 계실 때 제자들에게 말씀하셨다.

"너희들은 소를 잡던 백정이 훗날 부자가 되어 수레나 코끼리를 타는 것을 보았느냐?"

"보지 못하였나이다."

"나 또한 소를 잡던 백정이 훗날 부귀영화를 누리는 것을 보지 못했느니라. 산목숨을 잡는 백정이 부귀영화를 누릴 수 없느니라. 만일 백정으로서 부귀를 누린다면 그것은 전생의 덕일 뿐이지 금생의 복은 아니다. 그가 누리는 복은 다 전생에 쌓은 공덕의 소치이니라. **만일 악한 사람을 가까이 하고 살생하기를 좋아하여 지옥에 갈 죄를 심으면 혹 인간에 태어나더라도 목숨이 마치 소를 잡던 백정처럼 천한 것을 취하고 귀한 것을 팔면서 사람들을 속이고 정법을 생각하지 않느니라. 그러므로 모든 생명을 사랑해야 하느니라.**"

셋.

부처님께서 사위성 기원정사에 계실 때 제자들에게 말씀하셨다.

"**큰 지옥에 갈 네 사람이 있다.** 그들은 말가리, 티사, 제바달다, 구파리 비구니라. 말가리 비구는 많은 사람들에게 **삿된 소견과 잘못된 생각을 갖게 하였고, 있다 없다는 편견을 가지게 하였다.** 티사 비구는 대중스님들의 바리를 산산조각으로 부셨다. 제바달다는 **대중과 다투었고 아라한이 된 비구니를 죽였으며 나를 해치고자 했었다.** 구파리 비구는 **공연히 사리불과 목련을 비방하였기 때문이다.**"

넷.

부처님께서 사위성 기원정사에 계실 때 제자들에게 말씀하셨다.

"까마귀와 같은 사람이 있고 돼지와 같은 사람이 있다. 까마귀는 배고픔에 쫓기다가 재빨리 더러운 것을 먹고서는 곧 주둥이를 닦는다. 그것은 다른 새가 더러운 것을 먹었다고 비난할까 두려워서이다. 이처럼 어떤 사람은 한적한 곳에서 욕심으로 악행을 하다가 문득 부끄러워하고 스스로 뉘우쳐 제가 한 일을 나에게 말한다. 마치 까마귀가 더러운 것을 먹고 주둥이를 씻는 것과 같다. **어떤 사람은 한적한 곳에서 스스로 악행을 하고서도 부끄러워할 줄 모르고 뉘우치지도 않을 뿐 아니라 오히려 뽐내고 자랑하는 것이 마치 돼지가 항상 더러운 것을 먹고 더러운 곳에 누워 있으면서 다른 돼지 앞에서 뽐내는 것과 같으니라."**

다섯.

"미워하지 않을 것을 미워하고
비방하지 않을 것을 비방하여 업을 짓나니
어리석은 사람은 윤회에 빠져
이승에서나 저승에서 괴로움을 당하누나.
스스로 악업을 짓고
남들 또한 괴롭히고 해치는 일은
그물로 떨어지는 새가 남을 물고 떨어짐과 같도다.
남을 괴롭히는 것, 이는 또한 자신을 괴롭힘이니
원수와 원수는 외길에서 만나기 때문이니라.
남을 비방하는 것, 자신을 비방함이요
남에게 성내는 일, 스스로 자기 마음을 괴롭힘이라."

여섯.

부처님께서 왕사성 죽림정사에 오백 명의 제자들과 함께 계셨다. 어느 날 부처님께서 제바달다는 한 겁 동안 죄를 받아도 죗값을 다 치르지 못하리라고 하셨다. 이 말을 들은 한 비구가 아난존자에게 물었다.

"부처님께서는 제바달다의 과거 생을 보시고 그렇게 말씀하신 것인지 아니면 혹시 다른 이유가 있어서 그렇게 말씀하셨는지 알 수가 없습니다."

아난존자가 대답했다.

"부처님께서는 절대로 함부로 말씀하시지 않는다. 말씀과 행동이 같으시다."

아난존자는 그 비구가 의심을 가지고 있다는 것을 부처님께 말씀드렸다.

"그 비구는 늦게 출가하여 수행한 지 얼마 안 되기 때문에 그렇게 말할 것이다. 나는 함부로 말하지 않는다. 너는 그 비구에게 가서 내가 부른다고 말하라."

부처님은 그 비구에게 말씀하셨다.

"어리석은 사람아. 그대는 내 말을 믿지 못하는가? 나의 가르침에는 거짓이 없다. 너는 나의 허물을 찾고자 하는구나."

"제바달다는 신통력이 많았는데 어찌하여 세존께서는 한 겁 동안이나 죄를 받는다고 하십니까?"

"너는 입을 조심하라. 그렇지 않으면 길고 많은 고통을 받을 것이다. 세속의 일에 마음을 빼앗기면 끝내 해탈할 수 없으니 열반의 도를 닦지 않다가 다시 지옥으로 떨어지리라."

부처님께서는 계속하여 말씀하셨다.

"내가 만약 제바달다에게서 털끝만한 착함을 보았다면 한 겁 동안 죗값을 받아도 다 치를 수 없을 것이라고 말하지는 않을 것이다. 제바달다는 이익에 눈이 어두워 오역죄를 지었기 때문에 지옥에 떨어질 것이니라."

"세존이시여, 제가 참회 드리오니 용서하소서. 어리석어 잘못을 저질렀나이다."

두 번, 세 번을 말씀드리니 부처님께서 말씀하셨다.

"착하다 비구여. 너의 잘못을 용서한다. 다시는 나에 대해 의심하지 말라. 이제 너의 참회를 받아들이니 다시는 잘못을 저지르지 말라."

부처님께서 두 번, 세 번 말씀하시고 게송으로 설하셨다.

"비록 무거운 죄를 지었더라도
뉘우치고 다시 범하지 않으면
계율을 따르는 일이 되나니
그 죄의 뿌리가 뽑혀지리라."

일곱.

부처님께서 카필라성의 니그로다 숲에 계실 때 어느 날 석씨 마하남이 부처님께 문안드리고 여쭈었다.

"만약 미친 코끼리나 달리는 수레 또는 미친 말이 달려와 저와 부딪치면 평소에 염불하던 마음을 잊어버릴 것이오니, 죽어서 어디에 태어나서 살며 어떤 과보를 받게 되나이까?"

부처님께서 말씀하셨다.

"너는 그런 때를 당한다 해서 **두려움을 갖지 말라**. 비유하자면 **큰 나무가 처음 자랄 때부터 항상 동쪽으로 기울어 자라왔다면 누가 갑자기 나무를 벤다 하더라도 그 나무는 반드시 동쪽을 향해서만 넘어질 것이다. 너 또한 그와 같아서 오랫동안 선행을 닦았으니 순간의 염불을 잊었다 하여 삼악도에 떨어져 나쁜 과보를 받는 일은 있을 수 없느니라.**"

어덟.

부처님께서 나란타의 바파리나 숲에 계실 때였다. 어느 날 고
행주의자 니건타가 부처님께 문안드리고 한쪽 편에 앉아 있었
다. 그때 부처님께서 니건타에게 물으셨다.

"그대는 어떠한 행으로 악업을 짓지 않게 하는가?"

"고타마시여, 우리 스승은 벌칙을 마련하여 악행을 못하게 하
고 있습니다."

"어떠한 법칙으로 악행을 못하게 하는가?"

"몸의 벌, 입의 벌 그리고 뜻의 벌입니다."

"고행자여, 그 세 가지 벌은 어떻게 다르며 무엇이 더 무거운
가?"

"우리 스승께서는 몸의 벌이 가장 무겁다하고 그 다음이 입의
벌이며 뜻의 벌은 가볍다 하십니다."

"너도 그렇게 생각하느냐?"

"그러하나이다."

부처님께서 가만히 계시자 니건타가 물었다.

"사문 고타마께서는 어떻게 가르치시고 계십니까?"

"나는 벌을 마련하여 악행을 못하게 하지는 않는다. 다만 업을 가르쳐 악업을 짓지 않게 할 뿐이다."

"그 가르침은 어떠한 것입니까?"

"몸의 업과 입의 업과 뜻의 업이니라."

"서로 뜻이 비슷한데 어떤 업을 더 무겁다 하십니까?"

"고행자여, 나는 뜻의 업을 가장 무겁다고 말하느니라."

아홉.

부처님께서 사위성 기원정사에 계실 때였다. 부처님께서는 한
젊은이에게 말씀하셨다.

"성내지 않는 사람에게 성내고 싸우려 들지 말라. **마음이 맑고
깨끗한 사람은 온갖 번뇌 망상의 굴레를 떠났거니와 만일 그 사
람에게 악한 마음을 일으키면 그 나쁜 마음은 결국 자기에게로
되돌아온다.** 그것은 마치 바람을 거슬러 먼지를 내면 먼지가
돌아와 자기 몸에 달라붙는 것과 같으니라."

열.

부처님께서 사위성 기원정사에 계실 때였다. 어느 날 젊은 바라문 빈기가는 부처님을 맞대고 추악한 말로 욕을 퍼부었다. 부처님께서 바라문에게 말씀하셨다.

"너희 집에 좋은 일이 있을 때 일가친척을 초청하고 많은 음식을 장만했으나 친척들이 먹지 않으면 음식은 어떻게 되겠느냐?"

"친척들이 음식을 받아먹지 않으면 도로 내 것이 됩니다."

"네가 지금 나를 맞대어 욕하고 꾸짖었으나 내가 그것을 받지 않는다면 그 험한 말과 욕은 누구에게로 돌아가겠느냐?"

부처님께서는 계속 말씀하셨다.

"남이 꾸짖으면 나 또한 꾸짖고, 성내면 같이 성내고, 때리면 같이 때리고 시비하면 같이 시비하는 것은 서로 갚는 것이요 주는 것이다. 그러나 **남이 꾸짖어도 그것을 같이 꾸짖지 않으며, 성을 내도 같이 성내지 않고 때려도 같이 때리지 않으며 시비를 해도 같이 시비하지 않으면 그것은 갚는 것이 아니요, 주**

는 것도 아니다."

빈기가는 다시 여쭈었다.

"고타마께서는 지금 성냄이 있습니까?"

부처님께서 게송으로 대답하셨다.

"화낼 마음이 없는데 어찌 화가 나겠는가?

바른 생활로 화냄을 항복 받고

바른 지혜로서 마음을 해탈하였거니

지혜로운 사람은 성냄이 없느니라.

증오를 증오로 갚는 사람 그는 악한 사람이니라."

바라문은 부처님께 부끄러워하면서 참회하였다.

열 하나.

부처님께서 사위성 기원정사에 계실 때였다. 코살라국의 파사익왕은 서모의 아들을 많이 죽이고서 후회가 되어 부처님께 말씀드렸다. 그때 부처님께서 말씀하셨다.

"대왕이여, 사람의 목숨이란 덧없는 것이라 기껏 살아야 백년을 넘기지 못하오. 그러니 자기를 위해서나 가족, 나라를 위한다고 죄업을 짓지 말고 임금의 자리를 위해서 악행을 하지 마시오. 비록 석밀[石蜜]이 처음에는 달지만 뒤에는 쓴 것처럼 백년을 채우지 못하면서 자신을 위한다고 죄짓지 마시오. 인생에는 막을 수 없는 네 가지 두려움이 있으니 생로병사를 말함이요. 그것은 주술이나 약초로도 막을 수 없소. 죽음에 다다라서는 은혜와 사랑은 헤어지고 육신은 흙으로 돌아가오.

대왕이여, 법답게 나라를 다스리고 법답지 못한 일을 하지 마시오. 정법으로 백성을 다스리면 죽어서 천상에 태어날 것이고, 죽더라도 대왕을 사모하는 마음이 온 나라에 가득할 것이오. 부디 선행을 쌓아 복을 닦으시오. 살아서 선행을 닦지 않으면 후회해도 소용이 없을 것이오."

부처님께서 게송으로 말씀하셨다.

"지혜로운 사람이라면 은혜로 보시하여

성현의 칭찬을 받나니

깨끗한 마음으로 교만하지 말라.

죽음에 이르러 의사가

온갖 약을 써도 막을 수 없고

친척들이 몰려와 재물 둔 곳을 물어도 들을 수 없느니라.

사람이 죽어 무덤으로 돌아갈 때는 재물과 친족은 흩어지고 자신이 살아서 닦은 업만 남나니 부디 선행을 쌓을지어다.

아무리 큰 악을 지었더라도 뉘우치면 허물은 없어지리니

자신의 허물을 깊이 뉘우칠 때라야 악의 근본은 사라지느니라.

자신이 지은 악업을 벗어나게 할 사람은

부모도 아니요 형제도 아니며

여러 친족이나 재물도 아니로다.

열 둘.

부처님께서 사위성 기원정사에 계실 때였다. 성안의 거부장자였던 마하남이 목숨을 마쳤으나 아들이 없었다. 그는 아들도 없고 친척도 없으므로 파사익왕은 모든 재산을 왕가의 재산으로 거두어들였다. 파사익왕은 여러 날 재물을 조사하느라 먼지를 뒤집어쓰고 피로한 채 부처님께 문안드렸다.

"대왕이여, 어디서 오기에 먼지를 쓰고 피로해 보이는가?"

"성안의 거부장자 마하남이 죽었으나 아들이 없어서 그 재물을 정리하여 왕가에 넣느라 먼지를 쓰고 피로하게 되었나이다."

"대왕이여, 마하남은 전생에 타가라시키 벽지불을 만나 한 끼의 밥을 보시하였소. 그러나 순수한 믿음으로 베풀지도 않았고, 공경하는 마음으로 주지도 않았으며, 직접 주지도 않았을 뿐 아니라 주고서는 '그 밥을 내 집 종들에게 주거나 먹어 버릴 것을 공연히 사문에게 주었다' 고 깊이 후회하였소. 그는 이 보시의 복으로 7번이나 천상에 태어났고 7번이나 사위성 안의 좋은 집에 태어나 부귀를 누렸소. 그러나 벽지불에게 보시할 때 순수한 믿음도 없었고, 제 손으로 주지도 않았으며, 공경하는 마음으로 주지도 않았을 뿐 아니라 주고서도 깊이 후회하였기 때문에 태어나는 곳마다 부자가 되더라도 일부러 추한 옷을 입고 추한 음식을 먹게 되었소. 그는 이모의 형을 죽이고 재물을 빼앗았기 때문에 그 죄로 긴 세월 동안 지옥 고통을 겪었으며, 남은 죄 값으로 사위성 안의 부자로 일곱 번 사람 몸을 받았으나 아들이 없어 죽은 다음엔 재산을 모두 왕가에 몰수당한 것이오. 그는 **인색했기 때문에 결국 지옥에 떨어질 것이오.**"

열 셋.

부처님께서 사위성 기원정사에 계실 때 제자들에게 말씀하셨다.

"이제 지옥으로 가는 길과 열반으로 가는 길을 설명하리니 명심하라.

삿된 소견은 지옥으로 가는 길이요,

올바른 소견은 열반으로 가는 길이라.

삿된 다스림은 지옥을 가는 길이요,

올바른 다스림은 열반으로 가는 길이다.

삿된 말은 지옥을 가는 길이요,

바른 말은 열반으로 가는 길이다.

삿된 행동은 지옥을 가는 길이요,

바른 행동은 열반으로 가는 길이다.

삿된 직업은 지옥으로 가는 길이요,

올바른 직업은 열반을 가는 길이다.

삿된 방편은 지옥으로 가는 길이요,

올바른 방편은 열반으로 가는 길이다.

삿된 마음은 지옥으로 가는 길이요,

바른 마음은 열반으로 가는 길이다.

삿된 수행은 지옥으로 가는 길이요,

바른 수행은 열반으로 가는 길이다.

항상 착한 법을 생각하고 게으르지 말라.

지금 부지런히 실천하지 않으면 뒷날 후회해도 소용이 없느니

라."

열 넷.

부처님께서 왕사성에 계실 때였다. 그때 아버지를 해친 아사세왕이 보름날 왕자 지바카의 안내로 부처님께 문안드리고 여쭈었다.

"세존이시여, 아버지를 해친 저의 참회를 받아주소서. 저는 지난날의 잘못을 깊이 후회하나이다."

부처님께서는 임금에게 말씀하셨다.

"지금이 바로 자신을 돌아보아 참회할 때이니라. 때를 놓치지 말고 참회하라. 사람이 세상을 살아감에 허물이 있을 지라도 곧 스스로 그것을 고치면 그는 훌륭한 사람이니라. 내 가르침은 넓고 커서 큰 허물이라도 용서하나니 지금 참회하는 것이 좋다."

아사세왕은 깊이 참회하고 부처님께 귀의하였다, 부처님께서는 왕을 위해 법을 설하셨다.

"세상에는 죽어서 천당에 나게 되는 두 종류의 사람이 있느니라. 그 하나는 죄를 짓지 않고 선행만 하는 사람이요, 또 하나는 죄를 지었어도 그것을 고치는 사람이니라. 이 두 사람은 천상에 태어남에 걸림이 없다."

하시면서 게송으로 말씀하셨다.

"사람이 악행을 지었더라도
허물을 뉘우치면 죄는 차차 엷어지나니
날마다 자신의 허물을 뉘우쳐 고치면
언젠가 죄의 뿌리는 아주 뽑혀지리라."

열 다섯.

석가족을 멸망시키고자 세 차례나 쳐들어오는 코살라국의 유리왕을 막았던 부처님께서는 네 번째 정벌에 나선 군대를 막지 않으셨다. 이것을 알게 된 목련 존자는 부처님께 말씀드렸다.

"저의 신통력으로 유리왕과 그 군사를 다른 세계로 던져버릴 수 있나이다."

"그렇다면 너는 석가족의 전생 인연까지도 다른 세계로 던져버릴 수 있느냐?"

"그렇게 할 수는 없나이다."

"목련이여 자리로 돌아가 앉아라."

"카빌라성을 저 허공에다 옮겨 놓을 수는 있습니다."

"그렇다면 석가족의 전생 인연도 허공에 옮겨 놓을 수 있겠느냐?"

"아닙니다. 그렇지 못하나이다."

"허락하신다면 카필라성을 쇠그물로 덮겠나이다."

"전생의 인연까지도 쇠그물로 덮을 수 있겠느냐?"

"아닙니다. 세존이시여, 그렇게 할 수는 없나이다."

"그대는 본래 자리로 돌아가 앉아라. 석가족의 전생 인연이 무르익어 이제는 과보를 받아야 할 것이니라."

"설사 저 허공을 땅으로 만들고

땅을 허공으로 만들 수 있다 해도

이미 뿌려놓은 인연의 씨앗은

썩어 없어지지 않고 남아있나니

인연이 무르익는 날에는 반드시 받아야 하리라."

열 여섯.

부처님께서 사위성 기원정사에 계실 때였다. 어느 날 부처님께서 제자들에게 말씀하셨다.

"사람은 자기가 지은 업에 따라서 그 대가를 받는다. 그러므로 계행을 청정히 하지 않으면 괴로움을 벗어날 수 없다. 그러나 계행을 청정히 하는 사람은 괴로움을 벗어날 수가 있다. 만일 어떤 사람이 악행을 쌓으면 반드시 고통스런 지옥의 과보를 받는다. 사람이 몸을 닦지 않고 계를 지키지 않으며 마음을 닦지 않고 지혜를 닦지 않아서 악한 과보를 받게 되는 것은 마치 많은 소금을 적은 물에 넣어서 먹지 못하게 되는 것과 같으니라."

열 일곱.

부처님께서 사위성 기원정사에 계실 때 제자들에게 말씀하셨다.

"무엇을 지옥에 떨어지는 길이라고 말하는가? 그것은 아버지를 죽이는 것, 어머니를 죽이는 것, 아라한을 죽이는 것, 대중의 화합을 깨는 이간질, 그리고 나쁜 마음으로 부처님의 몸에 피를 나게 하는 일이니라."

열 여덟.

부처님께서 왕사성 기사굴산에 계실 때 어느 날 성안으로 걸식을 나가셨다. 그때 허름한 옷차림으로 몸을 바꾼 악마 파순이 여쭈었다.

"고타마시여, 눈이 사물을 보는 곳이 내가 있는 곳이요, 귀, 코, 혀, 몸, 뜻이 대상과 만나는 곳이 내가 머무는 곳입니다. 당신은 어디로 가고자 합니까?"

"네가 대상을 만나는 눈, 귀, 코, 혀, 몸, 뜻이 없다면 너는 어디에 머물겠는가? 나는 그런 곳으로 나아간다."

"항상 '나'가 있으며 그것은 다 '내 것'이다. 세상 모든 것은 다 나에게 속해 있거늘 당신은 어디로 가는가?"

"설사 '나'가 있다 말하더라도 그 말해지는 '나'는 진실이 아니다."

악마 파순은 다시 여쭈었다.

"당신이 도를 알아 편안하게 열반으로 향한다면 그대 혼자 열반을 즐길 것이지 무엇하러 번거롭게 남에게 가르치려 하는가?"

"악마를 떠나려는 자는 피안에 이르는 길을 물으라. 그를 위하여 진실로 번뇌 없는 법을 말하리. 언제나 수행에 게으르지 않으면 길이 악마의 굴레를 떠나리라."

열 아홉.

부처님께서 사위성 기원정사에 계실 때 제자들에게 말씀하셨다.

"만일 부처님이 세상에 오시지 않았더라면 마치 봄날에 큰 우박이 쏟아지듯 중생은 지옥에 떨어졌을 것이다. 그때 지옥에 떨어지는 사람은 남자보다 여자가 많을 것이다. **중생은 세 가지 일 때문에 목숨을 마치면 지옥에 떨어진다. 그것은 탐욕과 수면, 마음의 들뜸이다. 이 세 가지가 중생의 마음을 얽어매면 목숨을 마친 뒤 지옥에 떨어지는 것이다.** 여인은 이른 아침에 질투하는 마음으로 스스로를 얽어매고, 한낮이면 잠으로 스스로를 얽어매며, 해가 저물면 탐욕으로 스스로를 얽어매기 때문에 더 많이 지옥에 떨어지게 된다."

스물.

부처님께서 사위성 기원정사에 계실 때 제자들에게 말씀하셨다.

"**살생을 많이 하면 죽어서 지옥에 갈 것이요.** 인간으로 태어나더라도 반드시 목숨이 짧을 것이다. **남이 주지 않는 것을 훔치면 지옥에 날 것이요,** 혹 인간에 태어나더라도 가난할 것이다. 음행을 많이 하면 지옥에 날 것이요, 사람으로 나더라도 자기 배우자가 남의 꾀임을 받을 것이다. **거짓말을 많이 하면 지옥에 갈 것이요,** 인간에 태어나더라도 남의 놀림을 받을 것이다. 이간질을 많이 하면 지옥에 날 것이요, 인간으로 태어나더라도 친구가 배반하고 떠날 것이다. **욕설을 많이 하면 지옥에 날 것이요,** 인간으로 태어나더라도 언제나 추한 음성을 가질 것이니라. **꾸밈말을 많이 하면 지옥에 날 것이요, 인간에 태어나더라도 말에 신용이 없을 것이다.**"

스물 하나.

부처님께서 사위성 기원정사에 계실 때였다. 어느 날 부처님께서 제자들에게 말씀하셨다.

"만약 일부러 짓는 업이 있으면 반드시 그 과보를 받는다. 그 과보는 현세에서 받기도 하고 때로는 후세에서 받기도 한다. 그러나 일부러 지은 업이 아니면 반드시 그 과보를 받는다고 말할 수 없다.

몸으로 지은 업에 세 가지가 있고

입으로 짓는 업에 네 가지가 있으며

뜻으로 짓는 업에도 세 가지가 있다.

몸으로 짓는 세 가지는 **산목숨을 해치는 것, 남이 주지 않는 물건을 자기 것으로 취하는 것, 삿된 음행이다.**

입으로 짓는 네 가지는 **거짓말, 이간하는 말, 추악한 말, 꾸며대는 말들이다,**

뜻으로 짓는 세 가지는 **탐욕심, 증오심, 삿된 견해를** 말한다."

스물 둘.

부처님께서 사위성 기원정사에 계실 때 제자들에게 말씀하셨다.

"만일 선남자 선여인이 계율을 범하고 악행을 하면 그는 뒷날 병으로 고생하면서 자리에 쓰러져 온갖 고통을 받을 것이다. 그때에는 전에 행했던 모든 악을 다 기억하게 될 것이다. 비유하자면 큰 산에 해가 지면 그림자가 내리덮는 것처럼, 전에 행했던 악행이 임종 때에는 모두 나타나 비로소 크게 후회하게 되느니라."

부처님께서 게송으로 말씀하셨다.

"악행을 일삼고 살면

반드시 지옥에 떨어지리니

지옥에 떨어질 때에는

발은 위로 머리는 밑으로 향한다.

뜨거운 지옥에 떨어져

불 속에서 빙빙 굴러 도는 것

마치 물고기를 굽는 것 같나니
괴로워 소리치고 부르짖는 것
코끼리가 떼를 지어 소리 지르는 것 같으리."

스물 셋.

거칠고 사납게 행동하는 무리는

여러 가지 폭력으로 사람을 괴롭히고

자기 또한 남에게 시달리나니

자기가 지은 업은 없어지지 않고

늘 자기를 따르기 때문이라.

선으로나 악으로나

사람이 업을 지으면

그는 업의 상속자 되어

자기가 행한 모든 것을 받아야 하네.

스물 넷.

부처님께서 사위성 기원정사에 계실 때였다. 어느 날 부처님께서는 코살라국의 파사익왕에게 말씀하셨다.

"이 세상에는 지위가 높고 재물이 많으면서 탐착[貪着]하지 않고 게으르지 않으며 삿된 짓을 하지 않은 사람은 적고, 삿되고 나쁜 짓을 하는 사람은 많소, 그런 사람은 현명한 사람이 아니라 어리석은 사람인지라 장차 이익없는 괴로움을 당하게 될 것이오. 그것은 마치 사냥꾼이 그물을 치고 덫을 놓으면 잡는 것은 많지만 악업 또한 커져서 뒷날에 괴로움을 당하는 것과 같소."

부처님께서는 계속하여 게송으로 말씀하셨다.

"훌륭한 재물에 탐욕심을 내고
그 탐욕 때문에 더욱 미혹해져
미친 듯 날뛰면서 스스로를 알지 못하나니
그것은 마치 사냥꾼이
살생의 업이 쌓이는 줄을 마냥 모르는 것과 같구나."

스물 다섯.

부처님께서 마가다국 왕사성에 계실 때였다. 어떤 사람이 맷돌과 같은 쇳덩어리를 쓰고 타오르는 불길 속에서 심한 고통을 받는 것을 보았다. 부처님께서는 비구들에게 말씀하셨다.

"저 사람은 과거생애 왕사성에서 점을 치던 여자로서 점을 쳐주면서 세상 사람들을 속여 재물을 구하였다. 그 죄로 말미암아 이미 지옥에서 한량없는 고통을 받았고 지금 사람의 몸을 얻었으나 지옥에서 남은 죄로 계속해서 저런 고통을 받는 것이니라."

스물 여섯.

부처님께서 사위성 동쪽 사슴동산에 계시던 어느 해 칠월 보름
날이었다. 그때 부처님께서는 아난 존자에게 말씀하셨다.

"아난아, 오늘은 보름날이니 어서 가서 종을 쳐라. 그리고 대
중을 모아 수세 하자."

"부처님이시여, 무엇을 수세라고 합니까?"

"서로서로 마주 대하여 제각기 자기 허물을 고백하여 몸과 입
과 마음을 깨끗이 하는 것이니라. 대중이 수세하기 전에 내가
먼저 수세하려하니 대중이여 내 허물을 들추어내라."

부처님께서 두 번, 세 번 말씀하셨으나 비구들은 침묵하고 있
었다. 그때 사리불이 말씀드렸다.

"여기의 모든 비구들은 부처님의 몸과 입과 뜻에 전혀 허물이
없다고 보나이다."

사리불이 부처님께 여쭈었다.

"저는 지금 부처님께 말씀드리옵나이다. 제가 부처님과 대중
에게 허물이 있나이까?"

"그대 사리불에게는 몸과 입과 뜻에 허물이 전혀 없다. 그대는 지혜가 뛰어났고 욕심이 적으며 설법도 잘 하였다. 그대는 항상 법다웠노라."

"여기 있는 비구들도 수세해야하옵는데 그들 모두도 부처님께 허물이 없나이까?"

"여기 있는 모든 비구들에 대해서도 꾸짖지 않는다. 여기 모여 있는 비구 가운데 가장 낮은 자리에 앉은 비구라도 반드시 법을 얻을 것이다."

스물 일곱.

악행을 일삼으면 반드시 지옥에 떨어지리니

지옥에 떨어질 때에는
발은 위로 머리는 밑으로 향한다.
뜨거운 지옥에 떨어져
불속에서 빙빙 돌리는 것
마치 불고기 굽는 것 같나니
괴로워 소리치고 울부짖는 것
코끼리가 떼를 지어 소리 지르는 것 같으리.

스물 여덟.

아무리 큰 죄를 지었더라도
뉘우치면 허물은 옅어지리니
악의 근본은 사라지느니라.
자신이 지은 악업을 벗어나게 할 사람은
부모도 아니요 형제도 아니며
재물도 아니니라.

스물 아홉.

부처님께서 사위성 기원정사에 계실 때 제자들에게 말씀하셨
다.

**"세 가지 나쁜 생각이 있다. 탐욕심과 성냄과 해치려는 생각이
다. 탐욕에 사로잡히면 죽어서 지옥에 떨어진다. 성냄의 포로가
되면 죽어서 축생으로 태어난다. 해치려는 생각을 품으면 죽어
서 아귀로 태어나 큰 고통을 받게 된다.** 그러나 탐욕을 벗어나
면 다시 인간 세상에 태어나고, 해치려는 생각을 벗어나면 죽
어서 천상에 태어날 것이니라."

서른.

부처님께서 왕사성 죽림정사에 계실 때였다. 그때 제바달다는 마가다국의 왕자 아사세로부터 날마다 오백 개의 솥이나 되는 공양을 받고 있었다. 이러한 소식을 들은 부처님께서는 제자들에게 말씀하셨다.

"너희들은 저 제바달다가 많은 이익을 얻는다고 칭찬하고 부러워하지 말라. 그는 현세에서나 내세에서 크게 망할 것이니라. 파초가 열매를 맺으면 죽게 되고, 갈대 또한 열매를 맺으면 죽으며, 노새도 새끼를 배면 반드시 죽는 것처럼 사람은 탐욕으로 말미암아 스스로 망하나니 옳지 않은 일을 일삼으면 끝내 어리석음을 벗어나지 못하리라. 악한 일하는 사이 착한 법은 날마다 줄어들어 줄기는 마르고 뿌리 또한 상하느니라. 저 제바달다도 얼마동안은 이익을 받지마는 반드시 큰 고통 받으리라. 그러므로 설사 나에게 이익이 있다 하더라도 거기에 물들어 집착하지 않아야 하느니라."

서른 하나.

어느 때 부처님께서는 슈라바스티국 제타숲 〈외로운 이 돕는 동산〉에 계셨다. 그때에 프라세나짓왕은 혼자 고요히 생각하다가 이렇게 생각하였다. **'여기 세 가지 법이 있는데 온 세상이 좋아하지 않는 늙음 · 병 · 죽음이 있다.'**

푸라세나짓왕은 이렇게 생각하고는 부처님께 나아가, 부처님 발에 머리를 조아리고 한 쪽에 물러앉아, 그 생각한 바를 부처님께 자세히 사뢰었다. 부처님께서는 프라세나짓왕에게 게송으로 말씀하셨다.

대왕이 타는 그 보배 수레도
마침내 낡아 썩고 말리니
이 몸도 또한 그와 같아서
변하고 변하다 마침내 늙으리라.

오직 여래의 바른 법만은

쇠하고 늙는 모양 없나니
그 바른 법을 받는 사람은
영원히 안온한 곳으로 가리라.

다만 범부들 쇠하고 또 늙어
추하고 더러운 꼴로 중생들은
쇠하고 늙기 그대로 계속해
우부의 마음을 더욱 어리게 하네.
사람이 비록 백년을 살더라도
죽음이 따르는 것 언제나 걱정되고
늙음과 죽음을 다투어 쫓아도 그것들은
틈을 엿보다 곧 해를 끼치네.

부처님께서 이 경을 말씀하시자, 프라세자짓왕은 그 말씀을
듣고 기뻐하면서 예배하고 떠나갔다.

자비
MERCY

참고 견디는 일 뒤에 주어질 복덕이라면
받을 자격 있다는 얘기입니다.

「폐사지에서의 발견 여래를 품다」 중에서

하나.

부처님께서 사위성 기원정사에 계실 때 말씀하셨다.

"비구들이여, 만일 사문이나 바라문이 소젖을 짜는 동안이나마 모든 중생에 대해 **자비로운 마음을 닦아 익히면 온갖 나쁜 귀신이 그의 잘못을 엿보아 찾더라도 그 틈을 얻지 못할 것이요, 도리어 제가 다치기만 할 것이니라. 그러므로 잠깐 동안이라도 자비심을 닦아 익혀야 하느니라.**"

둘.

부처님께서 사위성 기원정사에 계실 때였다. 어느 날 코카리카 비구가 부처님께 나아가 말씀드렸다.

"세존이시여, 저 사리불과 목련비구는 아주 소행이 나쁜 사람입니다."

부처님께서 비구에게 타일렀다.

"그런 소리하지 말라. 여래의 도량에서는 환희심을 가져야 한다. 사리불과 목련은 마음이 착하고 나쁜 짓도 하지 않느니라."

그러나 코카리카는 두 번 세 번 거듭하여 사리불과 목련을 헐뜯었다.

"너는 내 말을 믿지 않느냐? 착한 사람을 헐뜯으면 그 과보를 받게 되느니라."

코카리카 비구는 그 자리에서 악창惡瘡이 생겨 목숨을 거두고 연화지옥에 떨어졌다. 그러나 목련은 그가 죽어 지옥에 떨어졌다는 말씀을 듣고 오히려 지옥에 찾아가 교화하겠다고 말씀드렸다. 그러나 부처님은 만류하셨다.

"목련아, 너는 그곳에 갈 필요가 없느니라."

목련이 부처님의 만류를 무릅쓰고 신통력으로 지옥에 가보니, 그는 온몸이 불에 타오르고 백 마리의 소가 혀를 빼고 있었다. 목련존자는 허공에 가부좌하고 손가락을 퉁기면서 그에게 말하였다. 그러자 그가 물었다.

"당신은 누구입니까?"

"나는 석가모니 부처님의 제자로서 이름은 목련이다."

그는 목련을 보자 더욱 악담을 하였다.

"나는 지옥에 떨어져서까지도 네 앞에서 벗어나지 못하였는가?"

이 말이 떨어지자 이번에는 천 마리의 소가 그의 혀를 뽑았다. 그것을 본 목련은 후회하면서 부처님께 돌아와 그 사실을 여쭈었다.

"그 사람을 만나러 갈 필요가 없다고 말하지 않았더냐?"

부처님께서는 게송으로 말씀하셨다.

"대부분의 사람은 태어날 때

날카로운 도끼를 가지고 와서

그것으로 제 몸을 찍는다.

그들이나 우리나 본래 착하건만

악행을 일삼아 험한 곳에 떨어진다.

여래의 말을 어기고 성인을 비방하는 사람은

고통스런 지옥에 떨어지나니

그것은 몸과 입으로 지은 것이니라."

셋.

부처님께서 사위성 기원정사에 계실 때였다. 어느 날 제자들에게 말씀하셨다.

"땅은 깨끗한 것도 받아들이고 더러운 똥과 오줌도 받아들인다. 그러나 땅은 '이것은 깨끗하다. 이것은 더럽다' 고 분별하여 좋아하거나 싫어하지 않는다. 이처럼 **수행하는 사람은 그 마음을 땅과 같이 해야 하리라. 나쁜 것을 받거나 좋은 것을 받더라도 조금도 좋아하거나 싫어하는 마음을 내지 말고 오직 사랑하고 가엾이 여기는 마음으로 중생을 대하여야 한다.** 왜냐하면 착한 일을 하고서도 버려야 할 것이거늘 구태여 악한 법을 익힐 필요는 없기 때문이다. 그래서 내 법을 뗏목처럼 알라고 하느니라."

넷.

사랑하는 사람이 사랑하는 대상은 설사 그가 천한 사람이라 할
지라도 모두 평등하니라. 사랑에는 차별이 없기 때문이니라.

다섯.

"남의 죄를 들추고자 하는 사람은 다섯 가지를 알아야 하느니라. 그 죄가 거짓이 아니고 **사실이어야** 하며, **그때가 적절해야** 하고, **법도를 어기지 않고 보탬이 되는 것이어야** 하며, 거칠고 험하지 않고 **부드러워야** 하며, 미움에서가 아니라 **사랑하는 마음으로 들추어야** 한다. 이러한 다섯 가지를 갖추면 남의 죄를 들출 수 있느니라."

여섯.

사랑이 있는 곳에 **걱정**이 생기고
사랑이 있는 곳에 **두려움**도 생기나니
사랑과 즐거움을 두지 않으면
무엇을 걱정하고 두려워하리.
사랑하는 사람을 만들지 말고
미워하는 사람도 만들지 말라.
사랑하는 사람은 못 만나서 괴롭고
미워하는 사람은 만나서 괴로우니
근심과 걱정 속에 착한 마음 사라지네.
진실로 자기를 사랑하거든
국경의 성문들을 튼튼히 지키듯
자기를 단속하여 악에 물들지 않게 하라.

일곱.

연약한 것이거나 강한 것이거나, 짧거나 길거나, 큰 것이거나 작은 것이거나 멀리 있는 것이거나, 이미 태어났거나 장차 태어나려는 것이거나, **살아있는 모든 것들이여 다 행복하여라. 태평하라, 안락하여라.**

어떠한 경우에라도 **남을 속이지 말고 업신여기지 말라. 원한과 분노로부터 벗어나 남을 해치지 말라. 지혜있는 사람들로부터 비난받을 비열한 행동을 해서는 안 되리라.**

어미가 위험을 무릅쓰고 자식을 지키듯 모든 살아있는 것들에 대하여 자비로운 마음을 갈고 닦아라.

위이거나 아래이거나 모든 생명에게 방해하지 말고 미워하지 말고, 적의를 품지 말고 선행을 갈고 닦아라.

서 있을 때나 걸을 때나 앉아 있을 때나 누워 있을 때나 눈을 뜨고 있는 한 자비로운 마음으로 선행 쌓기에 최선을 다하라. 이러한 삶이 가장 거룩한 삶이니라.

어덟.

부처님께서 사위성 기원정사에 계실 때 어느 날 제자들에게 말씀하셨다.

"나는 수행하는 사람을 미워하고 시기하는 사람처럼 빨리 망하는 사람을 보지 못하였다. 그러므로 **마땅히 자비와 인욕을 닦아 자비롭게 행동하고, 부드럽게 말하며, 자비로운 마음을 가져야 하느니라.**"

아홉.

부처님께서 사위성 기원정사에 계실 때다. 어느 날 제자들에게 말씀하셨다.

"만약 중생으로서 자비한 마음을 닦아 자유롭고, 그 뜻을 널리 남에게 설해 주면 좋은 과보를 얻는다. 그것은 악몽을 꾸지 않고 잠자리가 편안하며, 천신이 보호해 주고, 사람들이 사랑하며, 물과 불의 재난을 만나지 않고 도적의 침해를 받지 않으며 죽은 다음에는 천상에 태어나게 된다."

부처님께서는 계속하여 게송으로 말씀하셨다.

"공연히 산목숨 해치지 않고
성내는 마음 갖지 않으며
승부를 겨루려는 뜻을 두지 않아
널리 모든 중생을 사랑으로 감싸면
증오하고 미워하는 마음이 없어지리라."

열.

부처님께서 왕사성에 계실 때였다. 성에서 멀리 떨어진 곳에 항상 사냥을 하고 가죽옷을 입고 사는 사람들이 있었다. 부처님은 그들에게 말씀하셨다.

"이 세상에는 먹을 수 있는 것이 많이 있는데 그대들은 어찌하여 남의 목숨만을 죽여 그것을 먹고 살아가려는가? 죽어서 지옥에 떨어질 것이니 사냥하는 것은 손해만 있을 뿐 이익이 없느니라. 곡식을 먹으면서 생명을 존중할 줄 알라. **비록 보잘것 없는 목숨일지라도 살기를 좋아하지 않는 것은 없느니라. 인자한 마음으로 목숨을 해치지 않으면 태어나는 곳곳마다 두려움이 없을 것이니라.**"

열 하나.

부처님께서 사위성 기원정사에 계실 때 천자가 와서 부처님께
문안드리고 게송으로 여쭈었다.

"부딪치지 않을 것은 부딪치지 않아야 하나니
부딪치면 반드시 그 갚음이 되돌아오리.
건너지 못할 곳이라면 건너갈 뜻을 두지 않아야 하리."

부처님께서 게송으로 말씀하셨다.

"성낼 곳에서 참아 성내지 않으면
마음은 깨끗하여 번뇌 없으리라.
만약 미움을 미움으로 대하면
그 악은 자기에게 되돌아오느니라.
바람을 마주하여 먼지를 뿌리면
먼지는 다시 자기에게 오듯이
미움을 미움으로 대하면
그 미움은 반드시 자기가 받느니라.
미워하는 사람이나 미움을 미움으로 대하는 사람

그 누구든 재앙을 벗어나지 못하나니

원망을 원망으로 갚지 않아야만

스스로 큰 원수를 항복받으리라."

열 둘.

진실로 자기를 생각하는 사람이라면
나쁜 짓을 멀리하라.
나쁜 짓 멀리하고 선행을 쌓으면
그 마음 항상 편안하리라.
진실로 자기를 사랑하는 사람이라면
국경을 잘 지키듯 자기를 지켜야 하느니라.

열 셋.

부처님께서 사위성 기원정사에 계실 때였다. 코살라국의 파사익왕을 비롯하여 일곱 나라의 왕과 대신들이 모여 탐욕 가운데 어느 것이 제일인가를 토론하고 있었다. 사람들은 말했다.

"육신이 제일이다."

"소리, 냄새, 맛, 감촉이 제일이다."

"서로가 제각기 제일이라고 말하니 무엇이 제일인지 알 수가 없다. 세존께 여쭈어 그 말씀을 따르도록 하자."

파사익왕을 비롯한 일곱 나라 왕들은 부처님께 그간의 말씀을 드렸다.

"제각기 자기 뜻에 맞는대로 하라. 육신을 좋아하는 사람은 육신을 제일이라 하나니, 그보다 더 좋은 것이 있더라도 자기가 좋아하는 것이 아니기 때문에 관심을 두지 않고 육신이 제일이라고만 말한다. 소리나 냄새, 맛, 감촉에서도 마찬가지니라. 자기가 좋아하는 것만을 제일이라고 말하고 그 이외의 것은 보지 않고 인정하지도 않느니라."

열 넷.

부처님께서 사위성 기원정사에 계실 때 파사익왕에게 말씀하셨다.

"만약 자기를 사랑하려는 사람이라면
남에게 괴로움을 주지 말고 악한 일 하지 않아야
스스로 즐거움을 얻을 수 있느니라.
사람이 만약 자신을 사랑하려 한다면
착한 일을 받들어 실천해야 하나니
좋은 일을 쌓음으로서
스스로 기쁨을 얻을 수 있으리라.
자기를 사랑하려는 사람은
적이나 도적이 쳐들어오기 전에
성문과 국경을 잘 지키듯이
스스로 자기를 보호하고 지켜야 하나니
평소에 자신을 잘 다스리고 지키지 않다가 난리와 도적을 만나면 고통과 두려움은 더욱 심하리."

열 다섯.

부처님께서 사위성 기원정사에 계실 때였다. 어느 날 코살라국의 파사익왕은 그 부인인 말리카와 함께 누각에 올라갔다. 그때 파사익왕이 물었다.

"부인 말리카여, 당신 자신보다 더 사랑스러운 것은 누구입니까?"

"대왕이시여, 생각컨대 나에게는 나 자신보다 더 사랑스러운 것이 없나이다. 대왕이시여, 당신에게도 당신 자신보다 더 사랑스러운 것은 없을 것입니다."

이 말을 듣고 파사익왕은 부처님께 문안드리고 그와 같은 이야기를 여쭈었다. 부처님께서 게송으로 말씀하셨다.

"사람의 생각은 이 세상 어디라도 가느니

어디를 가더라도 자신보다 더 사랑스러운 것 찾지 못하리.

다른 사람에게 있어서도

자기가 제일 사랑스럽기는 마찬가지니

자신을 사랑하는 사람은 남을 해쳐서는 안되리."

열 여섯.

부처님께서 사위성 기원정사에 계실 때 제자들에게 말씀하셨다.

"비유하자면 어떤 사람이 아침에 300가마솥의 밥을 중생에게 보시하고 낮과 저녁에도 그렇게 하였다고 하자. 그러나 또 다른 사람은 젖을 짜는 잠깐 동안이나마 모든 중생에 대하여 사랑하는 마음을 닦아 익혔다면, 먼저 사람이 보시한 공덕은 그의 공덕의 백분, 천분, 수억만 분의 일에도 미치지 못할 것이요, 셈이나 비유로서 견주지 못할 것이다. 그러므로 **비구들은 잠깐 동안이라도 모든 중생을 사랑하는 마음을 닦아야 하느니라.**"

여덟 번째 이야기 자비 / 잡아함경

열 일곱.

부처님이 마가다국 왕사성 죽림정사에 계실 때였다. 한 바라문
이 부처님께 인사드리고 여쭈었다.
"고타마께서 말씀하시는 피안^{彼岸}과 차안^{此岸}이란 무엇을 말합
니까?"
부처님께서 말씀하셨다.
"목숨을 해치는 것은 차안이요, 목숨을 해치지 않는 것은 피안
이다. 삿된 견해는 차안이요, 바른 견해는 피안이다."
부처님께서는 다시 게송으로 말씀하셨다.
"선행을 쌓아 피안에 이르는 사람 얼마 안 되고
대부분의 중생들은 차안에서 치고 달리네.
바른 가르침 속에서 법의 이치를 깊이 관찰하는 사람들
피안에 이르러 죽음의 악마를 물리치리."

열 여덟.

자주적인 성자는 어떠한 경우라도 사랑하거나 미워하지 않는다. 마치 연꽃잎을 흙탕물이 더럽게 할 수 없듯이 슬픔이나 탐욕이 그를 더럽힐 수 없다.

더러운 물방울이 연꽃을 더럽히지 못하듯이 성자는 그가 보았거나 들었거나 생각한 그 무엇에도 매달리지 않는다.

그대에게 가는 길 | 아함의 말씀 · 하나
The path to Nirvana

초판 1쇄 2014년 4월 20일 발행
초판 1쇄 2014년 5월   1일 인쇄

엮은이   김무원
펴낸곳   도서출판 맑은소리맑은나라
펴낸이   김윤희
디자인   방혜영
그림   김은주

주소   부산광역시 중구 대청로 126번길 18
전화   051)244-0263
팩스   051)255-0953
전자우편   puremind-ms@hanmail.net

값 10,000원

ISBN 978-89-94782-27-0
ISBN 978-89-94782-26-3 (세트)